KB139940

재중 한인디아스포라
연 구 총 서

8

재한 조선족, 1987-2020년

재중 한인디아스포라
연 구 총 서

8

재한 조선족, 1987-2020년

설동훈 · 문형진 지음

제1장

서론

I. 연구 목적

이 책은 1987-2020년에 재중조선족이 한국으로 이주하여 재한조선족 사회를 만들어온 과정을 고찰하고, 현재 상황을 진단하며, 미래 발전을 설계하는 것을 목적으로 한다. 그들의 이주 실태를 파악할 수 있는 통계를 작성하고, 정부정책과 시장상황 및 사회의식을 분석하고 해석하는 것을 추구한다. 그와 관련하여, 조선족의 재이주 과정을 분석적으로 재구성하여 설명하는 게 필수다.

한국인에게 재중조선족은 한동안 잊힌 존재였다. 그들은 구한말부터 일제강점기에 걸쳐 만주로 이주한 조선인의 후예이지만, 6·25전쟁과 그에 뒤이은 냉전체제로 인한 한국과 중국의 국교 단절로 30여 년간 인적·물적 교류가 거의 없었기 때문이다. 그렇지만 냉전체제는 와해되었고, 마침내 1987년 한국과 중국 간에는 민간에 의한 비공식 교류가 재개되었다. 그 결과 극소수이지만 조선족 동포가 한국사회를 방문하기도 했다.

한국과 중국 간 인적 교류가 공식적으로 재개된 배경에는 1988년 2월 출범한 노태우 정부가 추진한 북방정책(Nordpolitik)이 있다. 노태우 정부는 기존 대공산권 적대 정책을 획기적으로 전환하여 1988년 9월 개최된 서울올림픽에 공산권 국가들이 대거 참여할 수 있도록 하였으며, 그에 뒤이어 1989년 2월 헝가리, 1990년 3월 몽골, 1990년 10월 소련[1] 등 구 동유럽 나라들과 국교를 수립하였고, 1992년 8월 24일에는 중국과 국교를 재수립하였다. 한·중 국교 정상화 이후, 조선족 동포들의 국내 유입 규모는 대폭 확대되었다.

---

1) 1991년 소련이 해체된 이후 러시아와 국교를 재개하였다

2020년은 조선족 동포가 한국을 다시 방문하기 시작한 지 33년이 되는 해다. 국내 체류 조선족의 수는 꾸준히 증가하였을 뿐 아니라, '친·인척 방문자'에서 '보따리장수'와 '외국인노동자'를 거쳐 '정착이민자'로 질적 변화를 경험하였다. 조선족 동포의 법적 지위는 그보다 훨씬 복잡하게 바뀌었다. 현재 조선족은 단순방문자·보따리장수·이주노동자·결혼이민자·외국인유학생·외국인투자자·정착이민자 등 다양한 형태로 한국사회에 거주하고 있다. 최근에는 중국으로 귀환하는 사례가 줄어들었고, 중국에 남아있던 가족까지 한국으로 불러들여 정착하는 사례도 발견되고 있다. 조선족 인구가 증가하면서, 서울·안산 등 국내 주요 도시에는 조선족 밀집거주지역이 만들어졌다. 그들은 대체로 주거비가 저렴한 도시 변두리 지역에 정착하였다.

  조선족 인구 증가로 한국사회에서 그들이 차지하는 역할은 점점 중요해졌다. 제조업노동자, 건설노동자, 가사도우미, 음식점종업원, 간병인 등 국내 노동시장에서 그들의 기여도가 높아지면서, 기존 한국인과 일자리를 둘러싼 갈등 사례도 발견되었다. 또, 조선족이 직접·간접으로 관여된 범죄사건 등이 알려지면서, 한국인이 그들을 경원시하게 되는 계기가 만들어지기도 했다. 일부 방송·영화 등에서는 조선족을 희화화하거나 끔찍한 범죄자로 묘사하기도 했다. 그러면서 일부 한국인은 조선족에 대해 적대적 태도를 취하게 되었고, 그러한 점에 반발하여 서운함과 두려움 및 공격성이 섞인 묘한 태도를 가진 조선족이 등장하였다. 다시 말해, 한국사회 내에서 같은 민족끼리 적대적 태도를 취하거나, 그에는 못 미친다 하더라도 갈등적 상황에 봉착하는 사례가 출현하였다.

Ⅱ. 이론적 틀: 위계화된 민족 개념[2]

민족주의 이론가들은 민족 개념이 '평등하고 수평적인 관계'를 바탕에 깔고 있음을 강조한다. 예컨대, 앤더슨(Anderson, 2006: 7)은 '상상된 공동체'의 모든 구성원은 이론상으로는 서로 동등하며, 사회에 존재할 수 있는 실제적인 불평등에도 불구하고 민족은 항상 '깊고 수평적인 동지애'를 품고 있다고 지적하였다. 겔너(Gellner, 1983: 22, 110)는 민족 형성을 평등화, 동질화, 통일, 표준화 과정의 일부로 이해했다. 시티즌십 이론가들도 거의 동일한 주장을 한다. 시티즌십은 '신분제, 즉 위계적 사회구조에 바탕을 둔 봉건적 지배'의 몰락과 그것을 대체한 '보편적 개념으로 정의되는 사람들 간의 평등하고 수평적인 관계'의 출현을 전제로 한다(Turner, 1986: 18).

그런데 몇몇 사회에서는 민족 내부의 위계화가 발견된다. 수평적 민족 개념은 전형적 모형 또는 열망일 뿐 현실과는 거리가 있다고 간과하기에는 너무 뚜렷한 위계화가 진행되어 있다. 설동훈·스크렌트니(Seol and Skrentny, 2009)는 민족 내부의 위계화 또는 서열화를 설명하기 위하여 '위계화된 민족'(hierarchical nationhood) 개념을 제안하였다. 이는 국가가 민족을 구성하는 일부 집단에 대하여 구성원으로 인정하면서도, 법적·제도적으로 열등한 '서발턴 지위'(subaltern position)를 부여하는 관행으로 정의된다(Seol and Skrentny, 2009: 148). 서발턴은 지배집단을 제외한 나머지 예속적 부분집단 전체를 아우르는 개념인데, 주어진 맥락에 따라서, 또는 다른 용어들과의 관계 속에서 그 지칭하는 대상과 내용이 달라질 수 있다. '서발턴 지

---

2) 설동훈(2020: 11-15)을 수정·보완하였다.

위'를 가진 사회집단에 대한 차별이 심화하면서, '위계화된 민족' 개념이 점점 실체를 갖게 되었다.

이철우(Lee, 2010: 247)는 민족 위계화가 발생하는 배경과 양상은 각 민족에 고유하지만, 민족이건 국가건 그 성원 사이에서 차등적인 법적 지위범주가 발생하는 것은 새롭지 않다고 지적하였다. 정체성과 주권, 인민과 영토의 모순을 내장하는 국민국가체계에서 필연적으로 발생한다는 것이다. '국민과 비국민의 위계'(hierarchies of citizens and noncitizens)가 엄연히 존재하기 때문에, 출입국관리법 또는 이민법에 근거한 '체류자격 분화'(differentiation of visa status)가 발생하는 것은 지극히 당연하다(Seol, 2012; Chung, 2017: 437-442). 그러나 그의 지적과는 달리, 민족을 구성하는 내부집단에 '법 앞의 불평등'을 적용하는 것은 흔한 일이 아니다. 즉, 문제는 외국국적동포 개인에 대한 '합리적 차등'(reasonable classification) 또는 '체류자격 분화'에 있는 것이 아니라, 민족공동체를 구성하는 부분집단에 대한 '사회적 배제'(social exclusion) 또는 '차별'(discrimination)에 있다. 이것이 한국에서 '민족 위계화'의 특수성을 규정한다.

한국의 국가기구, 즉 행정·입법·사법부 모두 외국국적동포 정책에서 포용(inclusion)과 배제(exclusion)의 이원성을 보인다. 포용의 근거는 그들이 '한민족'이라는 점을 강조하는 민족주의에서 찾을 수 있고, 배제의 기준은 그들이 외국인이라는 점, 다시 말해 대한민국 국민이 아니라는 점에서 찾을 수 있다. 민족정책으로 접근하면 포용하고, 외국인정책으로 접근하면 배제하는 게 기본 규칙이다.

'단일한 행위자로서의 국가', '이익집단 간의 이익 추구를 중재하는 심판관으로서의 국가' 개념으로는 이러한 이원적 성격을 설명하기는 쉽지 않다. 대안으로 국가는 '하나의 통일체'(monolithic entity)가 아니라 다양한 제도로 이루어진 것으로 파악하는 '신제도주의'(new institutionalism) 시각을 고려할 필요가 있다. 제도 간 각축, 시민사회 내 정치적 연합의 형성, 전문가집단의 담론, 국제정치·경제적 요인 등의 상호작용으로 외국국적동포 정책을 평가하는 게 바람직하다(이병하, 2017: 30-35). '정부 동일체 원칙'은 상상의 것이고, 실제 정부 각 부처는 다양한 요소를 반영하므로 얼마든지 다양한 정책을 채택할 수 있다(Lim and Seol, 2018). 대법원과 헌법재판소의 판결, 국회의 입법도 이러한 관점에서 분석할 수 있다. 네이션, 즉 '국민'과 '민족'이 하나의 개념과 제도로 자리 잡은 독일과는 달리(Joppke, 2005), 한국에서는 그것이 국민(국적)과 민족(동포)으로 분절된 것이 그 이원성의 핵심 요인이다.

분석적으로 '위계화된 민족' 개념은 두 차원을 가진다. 첫째는 '법적·제도적 차원에서 위계화된 민족'으로, 그것은 한국정부의 조선족 이주관리정책을 통해 분석할 수 있다(제4장 참조). 둘째는 '사회적 차원에서 위계화된 민족'으로 한국인의 조선족에 대한 태도를 분석하여 파악할 수 있다(제7장 참조). 본 연구에서는 '위계화된 민족 개념'의 작동방식을 살펴볼 것이다. 아울러, 정부정책과 사회의식이 작동하는 데 영향을 미친 요인들도 살펴볼 것이다(제2장, 제3장, 제5장, 제6장 참조).

Ⅲ. 연구 내용과 방법

이 책의 연구 내용은 ① 조선족의 재이주 배경, ② 조선족의 한국 유입, ③ 한국정부의 조선족 이주관리정책, ④ 재한조선족의 경제활동, ⑤ 재한조선족 집거지역, ⑥ 조선족과 한국인의 상호인식의 여섯 가지다. 이를 연구하기 위하여 여러 가지 방법으로 자료를 수집하였다.

첫째, 조선족의 이주와 정착 등에 관한 선행연구를 분석하는 문헌연구방법을 활용하였다. 수많은 논문과 책, 신문·잡지·방송 기사를 살폈고, 법·제도를 파악하기 위하여 법률과 연구보고서·보도자료 등을 수집하였다.

둘째, 정부의 집계통계자료를 구하여 분석하였다. 재한조선족을 대상으로 한 기존조사연구가 많으나, 대표성 있는 확률 표본을 수집한 연구는 전혀 없다. 개인 연구자나 사회단체에서 큰 연구비를 갖고 표본조사를 수행한다고 할지라도, 조사대상자 모집단 명단을 구하기 어렵기 때문이다. 본 연구에서는 기존연구의 한계를 극복하기 위하여, 정부(통계청)에서 실시한 '외국인고용조사'의 원시자료를 분석하였다. 통계청에서는 국내 외국인 인구가 증가하자 '경제활동인구조사'와 동일한 방식으로 외국인 대상 조사를 개발·시행해 왔다. 이 조사는 법무부의 체류외국인 자료를 토대로 표본을 추출한 것이므로 통계학적 대표성이 보장된다. 이 책에서는 기존연구가 놓쳤던 자료를 발굴하여, 그들의 생활상을 보고할 것이다.

그런데 '외국인고용조사'의 조사대상자에는 '외국인이 아닌 조선족'(조선족 귀화자)이 포함되어 있지 않다. 그렇지만 행정안전부의

『지방자치단체 외국인주민현황』에서 성별·거주지 분포 등의 정보를 찾아낼 수 있다. 이 책에서는 기존 연구들이 놓친 정확한 자료를 산출하여 제시하고, 그것을 설명하고 그 의미를 부여하기로 한다.

셋째, 2014년 6-8월 조선족 집거지역 주민들을 대상으로 표본조사를 수행하여 그 결과를 분석하였다. 정부 통계자료의 재분석 작업은 전국 단위 조선족을 이해하는 데 큰 도움을 주지만, 조선족 집거지역에 거주하는 사람과 그렇지 않은 지역에 거주하는 사람의 특성을 파악하는 데는 한계가 있다. 선행연구가 갖고 있는 눈덩이표집(snowball sampling)의 한계를 극복하기 위하여, 명단을 확보할 수 있는 소집단을 대상으로 전수조사를 기획하였다. 재한조선족 동포의 거주지 분포를 고려하여 서울과 수도권 지역 주민을 중심으로 조사를 진행하였다. ① 구로구 가리봉동, 영등포구 대림동, 금천구 가산동·독산동에 걸친, '서울 서남부 조선족 집거지역' 주민을 조사하기로 결정하였다. 주민 명부를 구할 수 없는 상황을 고려하여, 이 지역에 소재한 한 교회에 출석한 교인을 전수 조사하였다. 조사는 2014년 7월 27일 시행하였다. ② 한국과 중국을 잇는 그들의 사회연결망을 파악하기 위하여 중국 지린성(吉林省)의 옌볜조선족자치주(延边朝鲜族自治州)와 창춘(长春) 소재 농촌마을을 각각 1개씩 선정하여, 그 마을 출신으로 한국에 이주하여 생활하고 있는 사람을 전원 조사하였다. 2014년 6월과 8월에 각각 조사를 시행하였다. 세 개의 조사단위에 포함되는 사람을 전수 조사하였으므로, 조사대상자를 자의적으로 선정하는 문제는 극복할 수 있었다. 조사를 통해 수집한 총 표본 수는 377명이다(설동훈·문형진·김윤태, 2014: 10).

넷째, 『외국국적동포(H-2) 등 외국인력의 건설현장 취업실태 분석 및 관리방안』(설동훈·김명아·박우·주종섭, 2018) 등 선행연구에서 수집한 표본조사자료의 원자료를 재분석하였다.

다섯째, 한국언론재단의 뉴스 데이터베이스인 빅카인즈(BigKinds: News BigData & Analysis)에 수록된 국내 54개 언론 매체가 1958-2019년에 보도한 기사 중 조선족을 다룬 87,871건을 검색한 자료를 분석하였다. 연도별·주제별 기사 건수를 계산하고, 텍스트 마이닝(text mining)을 통하여 키워드를 찾아내고 그 건수를 산출하였다.

여섯째, 재한조선족 동포, 시민단체 활동가, 정부 정책 결정자 등을 대상으로 심층면접을 진행하였다.

일곱째, 한국정부의 이주관리정책을 평가하기 위하여 제도비교연구 방법을 사용하였다. 한국 정책의 특수성을 찾기 위해서는 독일·일본 등 다른 나라의 정책과 비교하는 것이 필수 절차이기 때문이다.

Ⅳ. 이 책의 구성

이 책은 여덟 장으로 구성되어 있다.

제1장 '서론'에서는 연구 목적, 이론적 틀, 연구 내용과 방법 등을 소개한다.

제2장에서는 '조선족의 재이주 배경'을 다룬다. 국제이주 요인과 한·중 관계, 중국 측 요인, 한국 측 요인으로 구분하여, 재중조선족의 한국 이주가 가능하게 된 요인을 분석하고, 그것이 지속된 배경을 살핀다.

제3장 '조선족의 한국 유입, 1992-2019년'에서는 정부통계를 이

용하여 조선족의 한국 유입 경과를 설명하고, 국적취득, 체류자격, 거주지역, 연령 등의 특성을 파악한다.

제4장에서는 '한국정부의 조선족 이주관리정책'을 다룬다. 33년의 기간을 1987-1991년, 1992-1999년, 2000-2007년, 2008-2020년의 네 시기로 구분하여, 주요 법·제도·정책 변동을 기술하고, 그것이 갖는 의미와 효과를 설명한다.

제5장에서는 '재한조선족의 경제활동'을 분석한다. 15세 이상 생산연령인구, 경제활동인구, 비경제활동인구, 취업자 등 기초 통계를 작성하고, 그 각각의 특성을 설명한다.

제6장에서는 '재한조선족 집거지역'을 다룬다. 서울 서남부와 경기도 안산시에 조선족 밀집거주지역이 만들어진 과정을 설명하고, 그 지역에 거주하는 조선족의 경제활동과 사회생활을 파악한다.

제7장 '조선족과 한국인의 상호인식'에서는 언론 기사와 미디어에 나타난 조선족을 분석하고, '한국인의 조선족에 대한 인식과 태도'와 '조선족의 한국인에 대한 인식과 태도'를 고찰한다.

제8장 '결론'에서는 연구의 의미를 점검하고, 재한조선족 사회의 발전 방향을 모색한다.

제2장

조선족의 재이주 배경

중국조선족은 이주를 통해 형성되었다. 전 근대시기에 중국으로 이주하였고, 탈 냉전기에는 한국으로 재이주하였다. 초기이주가 광활한 토지를 찾아 떠난 것이라면, 재이주는 삶의 기회를 좇아 귀환한 것이다. 먹고 살기 위해 떠났고, 부를 축적하기 위해 다시 돌아왔다. 이주와 재이주를 통해 낯선 땅에 정착하여, 갈등과 통합을 거쳐 자신들의 복합문화를 형성했다(문형진, 2016: 1).

재한조선족은 재중조선족이 한국으로 재이주함으로써 형성되었다. 중국으로 이주하여 삶을 영위하는 과정에서 타 민족과 갈등을 겪으며 살았던 재중조선족이, 정치·경제·사회·문화 등 여러 배경요인을 갖고, 한국으로 이주하여 새로운 삶을 영위하고 있다. 돈을 벌기 위해, 아이들을 교육시키기 위해, 고국이 그리워서 등 다양한 이유로 한국을 찾았던 사람들이 한국인과 갈등을 겪으며 살아가고 있다. 본 장에서는 재한조선족의 한국 유입배경을 국제인구이동의 관점에서 먼저 살펴본 후, 중국 측 요인과 한국 측 요인으로 나누어 고찰한다.

Ⅰ. 국제이주 요인과 한·중 관계[1]

사람들은 다양한 요인에 따라 국경을 넘나든다. 그들은 경제적인 부의 창출과 직업 획득, 정치적인 환경 변화 등 다양한 목적을 갖고 이주한다. 재중조선족은 개혁·개방의 물결에 따라 집거지인 둥베이 (东北)3성을 떠나 대도시나 중소도시로 이주하였고 한국과 일본으로

---

1) 설동훈(1999: 71-86)과 Seol (2015: 63-79)을 수정·보완하였다.

삶의 근거지를 옮겼다. 정치체제와 여러 풍습이 낯선 한국으로의 이주는 민족적인 동질성이 크게 작용하였다(권태환・박광성, 2004: 64-65). 잠시 고생하면 나의 삶이 나아지고 기반을 잡으면 자식의 미래까지 밝아진다는 희망이 그들로 하여금 국제이주에 동참하게 하였다. 조선족이 한국으로 이주하게 된 계기를 국제정치, 경제, 역사・문화 요인으로 나누어 살펴본다.

1. 국제정치 환경 변화

1989년을 분기점으로 하는 사회주의 블록의 해체와 자본주의 세계 경제권으로의 편입은 자본주의 세계체계의 역동성과 전 지구적 성격을 더욱 촉진하였다. 자본은 특정 국가의 지리적・사회적・문화적 특성에 예속되지 않으며, 필요에 따라 자본축적을 위하여 일정 지역이나 국가를 초월하여 이동하는 세계적 특성을 지니고 있다. 이 무렵 한국의 자본은 동남아시아와 라틴아메리카뿐만 아니라 동유럽과 소련・중국으로도 진출하고 있었고, 북한에도 접근을 시도하였다.

또한, 냉전체제의 붕괴는 사회주의 국가가 노동력 송출국의 대열에 합류하는 것을 의미하였다. 구소련과 헝가리・폴란드 등 동유럽 각국은 자국민의 출국 규제를 대폭 완화하였고, 이 나라 노동자들은 독일과 오스트리아로 유입되었다. 아시아 지역에서는 중국과 베트남이 자국 노동력의 해외 진출을 권장하는 쪽으로 방향을 전환하였다.

한국의 경우, 냉전체제의 붕괴와 한국정부의 '북방정책' 추진이 한데 어울려, 중국의 지린(吉林)・랴오닝(辽宁)・헤이룽장(黑龙江) 지방에 거주하는 한국계 중국인의 방문 문호가 개방되었고, 1990년 9월에 인천-웨이하이(威海)간 정기여객 항로가 개통되었다. 1992년 8월

[그림 2-1] 한·중 수교 (경향신문, 1992년 8월 25일)

한국은 중국과 수교를 맺었고(그림 2-1 참조), 1992년 12월 베트남과도 국교를 회복하였다. 즉, 냉전체제의 붕괴로 인하여 사회주의 국가들도 전 지구적 자본주의 체계 속으로 편입되었고, 새로운 노동력 송출국으로 등장하게 되었다.

한편, 1990년 8월 이라크가 쿠웨이트를 침공하면서 발생한 걸프전쟁은 아시아 지역에서 국제이주의 방향을 바꾸는 계기로 작용하였다. 이는 1980년대 후반부터 시작된 중동 산유국의 외국인노동자 수 감소 추세를 가속화시켰다. 유가(油價) 하락으로 산유국의 재정이 압박을 받게 되었고, 그때까지 활발히 추진했던 산업시설과 사회간

접자본 건설 공사가 마무리 단계에 접어들었을 뿐만 아니라, 중동 산유국 정부들이 자국민의 경제활동참가율을 높임으로써 외국 인력을 대체하려는 정책을 추진하면서 외국인노동자의 유입에 대한 규제를 한층 더 강화하였기 때문이다. 중국을 비롯한 아시아 각국 사람들이 해외취업을 고려할 때, 그전에는 눈여겨보지 않았던 한국을 이주 대상국 중 하나로 꼽게 되었다.

2. 경제적 요인: 전 지구적 자본주의로 인한 경제 통합

국제이주는 냉전체제의 붕괴로 자본주의의 전 지구화 경향이 한층 더 강화되면서 가속화되었고, 1990년 걸프전쟁 이후에는 동아시아 지역에서도 활발히 이루어지게 되었다. 1980년대에 전 세계적으로 국제이주가 활성화된 것은 정보통신기술의 발전에 따라 자본이동이 증가한 데 일차적 원인이 있다. 초국적기업은 세계경제 전체를 시장화하는 동시에 생산기지화하면서 경제 간의 상호연관을 높이고 국제 분업을 심화시켰다. 또한, 초국적기업은 같은 산업에서도 최종 생산물을 위한 각 단계의 생산과정을 여러 나라에 배치하고 있다. 즉, 초국적기업의 경제활동 증대에 따라, 각국 경제의 국경이 허물어지고 상호작용이 증가하는 '전 지구적 생산체계'(global production system)가 구축되기에 이르렀다.

1970년대 초 세계경제는 새로운 변화를 겪었다. 선진국 자본의 생산 입지가 저개발국으로 이전되었고 노동억압적인 자유무역지대가 설립되었다. 선진국 자본이 저개발국으로 이동하였음에도 불구하고, 국제인구이동은 줄어든 것이 아니라 오히려 확대되었다. 생산과정의 국제화, 교통·통신 기술의 발전, 저개발국의 대규모 노동력 저수지의 존재 등의 요인들은 각국의 산업생산을 가능하게 만드는 '세계노동시장'을 확대시켰다(Petras, 1981; Potts, 1990). 국제이주는 제2차 세계대전 이후 세계노동시장의 유연성의 주요 원천으로 간주할 수 있다.

전 지구적 자본축적 과정은 한편으로는 주변부에서 전통적 생산양식을 파괴하고 노동예비군을 창출하면서, 다른 한편으로는 중심부에서의 자본주의 발전과 팽창, 노동력 부족을 발생시켰다. 그 결과 저개발국의 수출 지향적 산업에 주로 투자된 선진국 자본은 그 나라 노동자의 해외취업을 막은 것이 아니라 통로를 만들어주는 역할을 하였다. 자본주의적 생산의 전지구화는 자본수출국과 투자대상국의 '물질적 연결구조'와 '문화·이데올로기적 연결구조'를 창출하였고, 저개발국의 노동자를 해외로 대량 유출시켰다.

첫째, 중심부 자본과 주변부는 상품·기계·원료를 교환하고, 교통과 커뮤니케이션의 연계를 통하여 '물질적 연결구조'를 형성하고 확대하였다. 1980년대 후반부터 한국은 중국에 대규모 직접 투자를 하였고, 그것은 '물질적 연결구조'를 만드는 데 기여하였다. 이러한 연결구조는 상품·생산물·정보·자본의 이동을 용이하게 하였을 뿐만 아니라 이동비용을 감소시켰고, 결과적으로 국제이주를 촉진하였다. 자본투자와 생산의 전 지구화는 필연적으로 교통과 커뮤니케이션 구조의 구축을 수반하고 있으므로, 국제이주는 보통 상품과 자본의 국제이동과 반대방향으로 이루어지고 있다. 중국 사람들이 한국으로 유입되기 시작한 것도 이러한 흐름의 하나로 파악할 수 있다.

둘째, 생산의 전지구화는 중심부와 주변부간의 '문화적·이데올로기적 연결구조'를 창출하였다. 많은 경우에 이러한 문화적 연결구조는 과거 식민지 경험을 반영하고 있다. 교통·커뮤니케이션 통로의 확충과 언어·문화·소비의 서구화는 주변부와 중심부 사회의 경제적·사회적 연결 구조를 형성·강화하여, 국제이주의 통로로 활용되고 있다. 그 예로 한류(韓流)로 대표되는 한국의 문화상품이 중국사회에 널리 유포되면서 중국인이 한국사회를 알게 된 것을 들 수 있다.

1980년대 이후 가속화된 전 지구적 생산체계 구축은 국제이주에 두 가지 방향으로 영향을 미쳤다(설동훈, 2002b). 한 가지 방향은, '중심부 자본의 주변부로의 이동'과 '반주변부의 자체 자본축적'으로 인하여 노동력 부족이 발생한 제조업 부문으로 이주민이 유입되는 것이다. 주변부의 공업도시에 이주민이 유입되고 있고, 반주변부의 제조업체·건설현장·광산·농장 등에도 이주민이 유입되고 있다. 다른 한 가지 방향은, 초국적기업의 본사가 위치한 중심부 국가의 도시에 단순·미숙련 이주민이 유입되는 것이다. 이런 까닭으로 세계 각국의 노동자는 새로운 취업 기회가 제공하는 유인에 이끌려, 국경을 넘어 각국의 공업중심지로 이동하게 되었다. 이는 전 지구적인 노동력 분포의 변화를 의미한다.

두 나라 사이의 사회적 연결구조 형성에서 가장 중요한 역할을 한 것은 '자본과 상품의 이동'이라 할 수 있다. 한국뿐만 아니라 일본 및 기타 신흥공업국에 이주민이 유입된 배경에는 아시아의 경제 통합이 자리 잡고 있다. 1950-1960년대부터 일본은 한국·대만 및 동남아시아 각국에 상품을 수출하였을 뿐만 아니라 노동집약적 산업을 이전하였다. 1980년대에 들어서는 한국·대만·홍콩·싱가포르 등 신흥공업국도 인도네시아·태국·필리핀 등 동남아시아 국가에 대한 상품수출을 확대함과 동시에 노동집약적 산업을 옮기기 시작하였다. 또한, 1978년 중국의 개혁·개방 이후 일본과 동아시아 신흥공업국들은 중국으로도 진출하기 시작하였다. 그러면서 아시아 각국의 경제는 통합되어 몇 개의 '준 지역경제권'을 형성하게 되었다.

일본과 동아시아 신흥공업국에 유입된 이주민의 출신국은 상품수출·해외투자 대상국과 거의 정확히 일치한다. 한국·일본과 기타 신흥공업국의 상품·자본이 진출하였던, 인도네시아·필리핀·태국·방글라데시·파키스탄·스리랑카·중국·베트남의 노동자들이 이제는 거꾸로 유입되고 있다. 이주민 송출 계약이 이 나라들과 집중되어 이루어지기도 했지만, 자발적으로 들어온 서류미비자도 이 나라들 출신이 많다. 요컨대, 아시아 나라들 사이의 경제적 통합이 이루어지면서 각국 간 사회적 연결구조가 형성·강화된 것으로 볼 수 있다. 그러한 점에서 조선족이 한국에 들어온 배경 요인으로 한국과 중국 경제의 교류 활성화는 무시할 수 없는 요인이다.

3. 역사적·문화적 요인

노동력 송출국과 유입국 사이의 사회적 연결구조는 상품의 수출-수입과 국제자본이동을 통해서만 형성되는 것은 아니다. 과거의 식민지 관계나 '재외동포'의 존재 및 군대의 주둔 여부와 같은 역사적·정치적 요인, 언어와 문화의 유사성 여부와 같은 문화적 요인 등, 두 나라 사이의 문화-이데올로기적 연결구조 역시 중요하게 작용한다.

한국은 일본 제국주의의 식민지 지배가 남긴 유산으로, 2019년 1월 1일 기준 69만 명의 재일(在日)동포,[2] 183만 명의 중국조선족 동포, 48만 명의 구소련고려인 동포를 갖고 있다(표 2-1 참조). 이처럼

---

[2] 일본 국적취득자 수 375,518명과 특별영주자 수 317,698명을 합한 인원이다.

<표 2-1> 주요국의 재외동포 수, 2019년

	인원(명)				구성비율(%)			
	전체	외국 국적 동포	재외국민	국내 체류 동포	전체	외국 국적 동포	재외 국민	국내 체류 동포
전체 193개국	7,493,587	4,806,473	2,687,114	920,360	100.0	100.0	100.0	100.0
미국	2,546,982	1,482,056	1,064,926	45,130	34.0	30.8	39.6	4.9
중국	2,119,874	1,830,929	288,945	757,958	28.3	38.1	10.8	82.4
일본	824,977	375,518	449,459	898	11.0	7.8	16.7	0.1
구소련 15개국	493,282	480,914	12,368	86,541	6.6	10.0	0.5	9.4
캐나다	241,750	134,607	107,143	16,061	3.2	2.8	4.0	1.7
기타 174개국	1,266,722	502,449	764,273	13,771	16.9	10.5	28.4	1.5

주: 1) 중국의 외국국적동포 수는 2010년 인구센서스 인원이고, 재외국민 수는 홍콩 거주자 수를 제외한 인원이다.
   2) 2018년 12월말 기준 일본 내 한국계 특별영주자(特別永住者) 체류자격 소지자는 317,698명(한국 국적자 288,737명, 조선 국적자 28,961명)이다.

자료: 외교부, 『재외동포현황 2019』, 2019; 法務省, 『在留外国人統計, 2018年12月末』, 2019; 법무부 출입국·외국인정책본부, '2019년 4월 체류외국인통계' 원자료 분석. 저자 계산.

수많은 재외동포는 한국과 그 나라들 사이의 사회적 연결 구조를 형성한다. 예컨대, 북한과 중국의 옌볜(延边), 북한과 러시아의 연해주를 이어주는 가장 중요한 끈은 '재외동포'의 존재라 할 수 있다. 마찬가지로, 한국에 중국조선족과 구소련고려인이 다수 유입된 것이나,[3] 일본에 라틴아메리카 출신의 '일본계외국인'(日系人)이 들어온 것도 '민족'에 의하여 형성된 사회적 연결 구조를 반영한다. 미군의 한국과 필리핀 주둔은 두 나라 출신의 미국 이민을 낳았다. 또한, 1960년대 한국의 베트남전쟁 참전으로 맺어진 두 나라 사이의 불행한 관계는 1993년 양국 간 국교 재개 이후 경제적 협력의 강화로 역전되었다. 즉, 베트남 진출 한국기업과 한국내의 베트남인 노동자

---

3) 2019년 4월말 기준, 국내 체류 조선족 동포는 757,598명, 구소련고려인 동포는 86,541명이었다.

수가 급증해왔다.

언어와 문화의 유사성도 중요하다. 싱가포르와 브루나이 및 말레이시아에서 일하는 인도네시아인은 의사소통의 어려움이 전혀 없다. 또한, 영어가 '세계어'로 기능하고 있는 점을 반영하여, 전 세계의 사용자들은 '의사소통의 어려움이 적은' 필리핀인 노동자들을 선호한다. 국내 사용자가 조선족을 선호하는 원인 중 하나는 의사소통에 문제가 없다는 점이다. 조선족 역시 외모에서 차이가 없고, 의사소통이 원활한 한국에 이주하여 취업하는 것을 꿈꾸게 되었다.

Ⅱ. 중국 측 요인: 체제변화와 개혁·개방

덩샤오핑(邓小平)이 표방한 개혁·개방은 중국 인민도 잘 살아보자는 몸부림이었다. 이를 위해 그는 체제에 대한 논쟁을 잠시 접어두고 글로벌 자본주의 편입의 필요성을 강조했다. 외국자본을 끌어들여 중국의 낙후한 경제를 일소하고, 인민들의 소득 수준을 향상시키겠다는 그의 꿈은 많은 중국인의 지지를 이끌어냈다. 이를 실현하기 위해서는 달러 조달이 무엇보다 긴요했다. 화교들의 지원만으로는 그것을 해결할 수 없었다. 조선족의 한국 방문이 가능했던 것은 이러한 국제환경이 만들어준 산물이었다. 중국정부가 적성국가인 한국에 조선족의 방문할 수 있도록 허용한 데는 한 푼의 달러라도 더 많이 유치해야 했던 중국정부의 절박함이 작용했다고 할 수 있다. 사회주의 체제의 변화, 개혁·개방해야 살 수 있다는 데서 비롯된 정책 변화가 조선족의 한국 방문을 이끈 하나의 동력으로 작용했다.

1. 경제적·사회적 요인

1980년대 중국은 문화혁명(无产阶级文化大革命) 이후 흐트러진 사회 분위기를 일소하고 국가를 발전시키기 위해 주변국과 개방하고 발전을 추진하던 때였다. 아직 노동시장이 채 자리잡지 못했고, 사회주의 체제로 인해 서비스 관념이 일반화되지 못한 상태였다. 조선족이 밀집해 있는 둥베이3성은 중국의 개혁·개방 중심지에서도 벗어난 변방으로 2·3차 산업이 발달하지 못한 곳이었다. 둥베이3성 지역은 조선족의 이주 욕구를 해결해주지 못하고 있었다.

한국을 방문하고 돌아온 사람들의 전언이 그들의 이주 욕구에 불을 당겼다. 한국에서의 한 달 임금이 중국에서의 1년 치 수입 정도였기 때문에, 너나 할 것 없이 모두 한국에 가려고 했다. 한국에 친지가 있는 사람들은 초청을 통해 방문하였고, 연고가 없는 사람들은 브로커에게 돈을 주고서라도 한국에 가기를 원했다(김석봉, 1997). 중국으로의 이주 시 형성된 '만주 드림'과 같이 이번에는 '코리안 드림'이 조선족 사회에 만연하였다. 중국으로의 이주가 토지를 찾아 떠난 이주라면 한국으로의 재이주는 임금시장을 향한 열정이었다. 집을 팔거나 빚을 내어 이주자금을 마련하기도 했고, 한국인과 결혼하기 위해 부부가 위장이혼하여 생이별하는 경우도 있었다. 남겨진 자녀는 방치되었고, 가정은 파괴되는 대변혁의 시기였다.

중국은 경제를 활성화시켜야 할 필요성이 있었기 때문에, 주변국가와의 교류를 통한 달러 유치가 절실하였다. 조선족이 한국을 방문한 후 가져오는 달러뿐만 아니라 임금을 송금하는 경우까지 중국 경제에 꼭 필요한 종자 돈이 되었다. 외국에 있는 화교들에게 고국 투자와 송금을 적극적으로 권장하는 시기였기 때문에, 조선족의 한국

방문을 막을 이유가 없었다. 혈육의 정을 나눌 수 있도록 하는 인도적인 조치 이면에는 달러 유치를 통해 경제발전 동력을 확보하려는 다른 의도가 있었다. 문화혁명 시기 이후 중국 정부는 민족자치구역에 대해 소수민족 인구 비율 감소 정책을 지속적으로 추진하였고, 한족(汉族)의 이주를 통해 실행하였다. 그러므로 조선족이 스스로 해외로 이주한다고 하니 그것을 막을 필요가 없었다. 즉, 조선족의 한국 이주는 자치구역 내 소수민족 인구 감소와 문화를 쇠퇴시키고자 했던 중국 정부의 정책에 부응하는 행위였다.

2. 민족적 · 문화적 요인[4]

만주(満洲)로의 이주 초기, 조선인들은 환영받는 존재였다. 중국인 지주 입장에서는 황무지를 개척하여 수전이 가능한 토지를 개간해준 조선인들이 고마웠기 때문이다. 그러나 조선이 일제 식민지로 전락한 후 조선인들이[5] 일본인으로 국적이 바뀌자, 중국인의 인식이 바뀌게 되었다. 일본의 앞잡이라거나 만주 침탈의 전위대로 인식하여 배척하기 시작하였다. 조선족에 대한 부정적인 여론이 다시 긍정적으로 변화한 계기는 조선족이 공산당에 적극적으로 협력하면서부터다.

1945년 일본이 패망한 후 중국 내에서 국민당과 공산당 사이에 국공내전이 벌어졌다.[6] 조선족은 이 전쟁에서 공산당에 참여하여 둥

---

4) 문형진(2016: 1-27)을 수정 · 보완하였다.

5) 중국 공산당이 최초로 조선족을 중국내 소수민족으로 승인한 시기가 1928년 7월 9일에 통과된 중국공산당 제6차 전국대표자회의에서였다. 그러므로 그 이전 시기에는 '조선인' 으로 불렀다.

6) 국민당과 공산당은 두 차례에 걸쳐 국공합작을 진행했다. 군벌을 퇴치하기 위해 제1차 국공합작을 진행하고 일제 침략을 막아내기 위해 2차 국공합작을 진행하였다. 그러나 일본의 패망 이후 정국 주도권을 둘러싸고 내전을 치열하게 치렀다.

베이지역을 지켜내는 데 큰 기여를 하였다. 그 결과, 둥베이지역에서의 조선족의 위상이 높아졌다.

타민족이 조선인들을 부러워하였고, 이러한 인식은 이후 조선인들의 위상 제고에 긍정적으로 작용하였다. 결국, 국공내전에서 공산당이 승리한 후 중화인민공화국이 성립되자, 조선인들의 공이 인정되어 중국 내 소수민족자치구를 만들 수 있게 되었다. 공산당이 소수민족에게 우호적이었기 때문에,[7] 조선족 사회 또한 당당하게 고유의 풍습을 유지하며 살아갈 수 있었다.

사회에서 형성되기 시작한 소수민족에 대한 평가는 이후 국가정책에 반영되어 소수민족의 문화·종교·관습을 존중하는 방향으로 정책이 결정되었다. 1945년 중화인민공화국이 성립된 후 처음 소집된 중국인민정치협상회의(中国人民政治协商会议) 제1차 전체회의에서 네 가지 주목할 만한 민족정책이 발표되었다. 제50조에서는 민족 간에 서로 협력해야 함을 강조했고, 제51조에서는 민족자치기관 설립과 일정 비율의 간부 보장을 적시하였으며, 제52조에서는 소수민족의 언어 문자를 발전시키고 풍속·관습을 유지·개혁할 자유가 있다고 천명하였고, 제53조에서는 민족 고유 문화의 보존과 발전 권한을 부여하였다(그림 2-2 참조). 즉, 중화인민공화국 성립과 동시에 법령으로 민족자치기구 성립과 간부 채용을 보장함에 따라 1952년 9월 3일 '옌볜조선족자치구'(延边朝鲜族自治区)가 설립되었다. 자치구 성립 직후인 1954년에 이 지역의 총인구 85만4천명 중 조선족은 53만명

---

7) 1938년 마오쩌둥(毛泽东) 주석은 6차6중전회 '신 단계를 논함'이란 보고를 통해 '각 소수민족의 문화·종교·습관은 존중되어야 하며 그들에게 한문과 한어를 배울 것을 강요하지 말고 그들 자신의 언어·문자·문화교육을 발전시키는 것을 지원해야 한다'라고 주장하였다(마오쩌둥, "중국공산당 제6차 중앙위원회 제6차 확대전체회의에서 한 보고." 『인민일보』 1953·9·9).

으로서 전체의 62%였고, 자치구의 조선족 간부 비율은 78%였다. 그러나 1955년 조선족 비율이 2%에 불과한 둔화현(敦化県)이 편입됨과 동시에 '옌볜조선족자치주'(延边朝鲜族自治州)로 격하되었다.

중화인민공화국 성립 이후 소수민족을 중시하는 정책을 시행한 결과 한족의 불만이 누적되어갔다. 한족은 자신들이 중심이 되는 사회를 건설하고자 했다. 한족은 한족이 중심이 되는 중화사상(华夷秩序)이 중국을 이끌어가는 핵심사상이 되어야 한다고 주장했다. 한족의 우월권과 특권을 강조하였고, 기타 소수민족과 주변나라를 모두 오랑캐로 규정하였다.[8] 한족이 중심이 되는 역사와 문화 건설은 소수민족의 반대를 불러일으켰다.[9] 국경 지역에서 일으킨 소수민족의 독립운동은 중국의 무력진압으로 종식되었지만 둥베이 지역 국경을 접하고 있는 조선족에게도 영향을 미쳤다.

일체의 민족의례와 풍속이 금지되었고, 한어(汉语)가 공용어로 채택되었다. 조선족 지식인 중 상당수가 처벌되었고, 한족의 대규모 이주로 '옌볜조선족자치주' 내 조선족 인구 비율이 감소되었다. 그 결과 조선족 중심의 자치주가 한족보다 소수로 전락하게 되었고, 풍속과 의례, 언어의 사용에서도 타 민족의 영향을 받을 수밖에 없었다. 조선족 문화를 준수하는 사람에게는 어김없이 '민족주의자'라는 낙인을 찍어 숙청하였다. 조선족은 살아남기 위해서 한민족(韩民族) 문화를 버려야 했고, 보다 적극적으로 한어와 한족문화를 수용해야 했다.[10]

---

8) 중화주의는 한족이 중심이 된 지역을 화(华)로 설정하고 그 이외 지역을 이(夷)로 통칭하여, 문화적 우월과 종교적 구별을 확정하는 중화적 천하관의 표현 수단이었다.

9) 소수민족의 반대는 1959년 티베트(西藏) 독립운동과 1961년 신장(新疆)자치구, 네이멍구(内蒙古)자치구의 독립운동으로 연결되었다.

10) 조선족자치주내 고위 관료와 외국에서 학위를 받은 지식인들이 반우파로 몰려 대규모로 숙청을 당하였다. 옌볜대 부총장을 지낸 정판룡(1994)은 그의 저서 『내가 살아본 중화

[그림 2-2] 중국 화폐의 조선족

　사회에서는 반우파투쟁과 문화혁명 시기를 거치면서 많은 사람들이 숙청되었다. 사람들과 민족 간에 반목과 대립이 심하였다. 사적인 감정을 가지고 없는 죄목을 뒤집어씌우기도 했고, 소수민족의 힘을 약화시키기 위해 더욱 혹독하게 비판하였다. 그 결과 개인이 상대방을 믿지 못하는 불신 사회가 되었고 늘 감시당하는 불안에 떨어야 했다. 칸막이 없는 공동화장실은 이러한 사회 분위기를 상징적으로 보여준다.

　모든 것이 감시되는 사회에서 민족 의례와 풍속을 행하는 것은 위

인민공화국』에서 자신이 겪은 고초를 생생하게 증언하였다.

험천만한 일이었다. 그저 소규모로 문제가 되지 않게 의례·풍속을 행하거나, 아예 민족 문화를 드러내지 않는 것이 최선이었다. 이러한 부작용은 중국의 소수민족 정치·사상 통합 정책이 가져온 결과였다.

이렇듯 문화혁명 시기를 거치면서 조선족의 민족 문화는 크게 퇴보하였다. 조선족 간부들이 대거 반동분자로 몰려 처형되었고, 교육기관이 폐쇄되었으며, 교육자들도 처벌되었다. 민족 언어교육이 지방민족주의를 조장하는 것으로 치부되면서, 조선어교육이 탄압받기 시작하였다. 이로 인해 조선어문과정이 축소되거나 폐지되었고(박찬규, 1989: 177), 조선어문 연구기관과 출판소도 대부분 문을 닫거나 폐간 되었다(김재률, 1992: 128-129). 조선족 학생 위주로 운영되던 민족학교들이 한족학교와 합병되면서 민족 고유 교육을 할 수 없게 되었고 그 결과 교원들을 양성할 수 없게 되면서 민족 교육이 붕괴될 지경에 이르렀다(박찬규, 1989: 101-102). 특히, 옌벤대학 교학자들은 지식 분자로 몰려 비판받거나 노동 개조라는 미명 하에 궁벽한 시골로 쫓겨나거나 처벌받는 수모를 당하였다(김재률, 1992: 5). 더불어, 조선어로 출판되던 민족 잡지들도 정간되거나 폐지됨으로써 민족 문화가 급속하게 퇴보되는 현상이 나타났다. 이러한 현상은 민족 공연과 민속 의례에도 그대로 영향을 미쳐 공개적으로는 아무것도 할 수 없는 처지에 놓였다(손춘일, 2008: 283). 그 결과 중화인민공화국 성립 초기에 조성된 민족 문화 융성과 민족 언어 보장은 사라지게 되었고, 문화의 순결성이 위기를 맞게 되었다. 이후 개혁·개방기를 맞이하면서 어느 정도 민족문화와 교육을 허용하기도 했지만, 한족과 주변민족을 의식할 수밖에 없는 처지가 되었다.

한편, 개혁·개방은 또 다른 부작용과 차별을 양산했다. 광둥(广东) 선전(深圳), 상하이(上海) 등을 중심으로 투자된 개혁 정책은 부의 편중현상을 불러와 소수민족의 상대적인 박탈감을 불러일으켰다. 경제 발전의 혜택을 주로 한족이 누리게 되었고, 소수민족은 소외되는 형국이 되었다. 그러나 조선족은 한국으로 이주가 가능해지면서 삶에 새로운 희망을 품게 되었다. 고국을 떠나 정착한 이후 갖은 시련을 겪었던 이들에게 고국 방문은 한 줄기 빛과 같았다.

이렇듯, 조선족은 중국 현대사에서 많은 상처를 입었다. 소수민족의 한계를 절감했고, 문화의 독자성을 유지하기도 어려웠다. 중국의 공민(公民)으로 주류 사회에 편입되기 위해 끊임없이 노력하였지만, 항상 한계를 절감해야 했다. 살아남기 위해 한족보다 더 열심히 중국 정부의 정책에 앞장서야 했고, 민족적인 색채는 드러내지 말아야 했다. 조선어와 조선민족 문화를 허용하고 있었지만, 이는 어디까지나 중화민족의 정체성을 해치지 않는 범위 내에서였다. 고국인 한국과 국경을 맞대고 있다는 사실은 또 다른 부담으로 작용했다. 민족의 고유성을 유지하며 중국의 공민으로 당당하게 살아가고자 했던 재중조선족의 꿈은 중화사상을 강조하는 중국의 민족정책과 부딪치며 또 다른 대안을 모색하게 되었다. 바로 이들에게 한국의 발전적인 경제상은 차별받지 않고 환영받으며 살아갈 수 있다는 희망이자 민족적인 동질성을 꿈틀거리게 하는 동력으로 작용했다.

3. 정치·사상적 요인[11]

중국의 역사는 한족과 소수민족의 투쟁사였다. 한족 정권이 들어

---

11) 문형진(2014: 193-214)을 수정·보완하였다.

섰는가 하면, 이민족이 중원(中原)을 차지하기도 하였다. 만리장성을 기점으로 형성된 화이질서(华夷秩序)는 한족과 이민족을 통칭하는 관념으로 발전하였고, 청(清)대에 이르러서는 본부(本部)와 번부(藩部)의 개념으로 재편되었다. '내지(內地)와 변강(边疆)의 일체화' 내지 '본부와 번부의 일체화'는 하나의 중국을 만들려는 또 다른 국가 프로젝트였다. 20세기 초에 형성된 중화민족(中华民族) 관념과 소수민족 개념은 중화민족을 한족으로 소수민족을 비한족 또는 이민족으로 규정함으로서 화이 관념의 변형된 틀로 발전하였다. 중국역사교과서 속에는 중국 전통시대의 화이관념 즉, 중화주의 사관이 뿌리 깊게 자리 잡고 있다.

중국적인 천하관과 중화주의는 중국과 한족을 중심에 두고 기타민족과 주변국가에 대한 관계 설정에 초점을 맞추고 있다(전해종, 1998: 8-50). 중국의 역대 왕조는 한족과 소수민족이 세운 나라의 반복이었기 때문에, 한족과 소수민족의 관계 설정에 관심을 기울였다. 즉, 한족이 세운 나라일 경우 한족과 기타민족이 상하관계를 형성했고, 소수민족이 중원을 차지했을 경우는 소수민족이 상위에, 한족이 하위에 있었다. 이러한 관계설정은 주변국에도 영향을 미쳐, 중국을 핵심에 두고, 주변국을 부수적으로 파악하는 주종관계를 형성하였다. 이러한 관계는 한족과 기타민족이 세운 나라에 관계없이 형성되었고, 오랫동안 지속되어 온 동아시아 질서 체계로 자리잡았다. 즉, 중국의 천하관은 세계의 중심에 중국이 있고, 주변국을 이민족으로 보는 관념을 내포하고 있다.

중국은 중심에 있는 문명국이고, 주변국은 문명을 전파해야 할 이민족이라는 관계설정을 수반하고 있다. 이러한 의식 세계는 중국 내에 있는 민족에게도 적용되어 한족을 우월한 민족으로 보았고, 기타 민족을 교화의 대상이자 문명이 덜 발달한 민족으로 인식하게 하였다. 유교와 한자는 정치 이데올로기이자 문명의 상징이었기 때문에, 한족의 입장에서는 이를 주변민족에게 전파시키고 교화시킬 필요성이 있었다. 서열적 질서체계를 예(禮)로 인식했기 때문에 한족과 기타 민족 간의 위계 설정, 중국과 주변 국가 간의 차등은 자연스럽게 형성되었고 발전되어 왔다. 한족이 생활하고 있는 지역을 화(华)로 보고 그 이외 지역을 이(夷)로 통칭하는 구별 현상 또한 서열적 질서체계가 반영된 것이라 할 수 있다. 이러한 구분 속에는 문화적 우월성과 종교적 구별이 내포되어 있다. 이에 중국 내 역대 왕조에서는 서로 간의 다름을 해소하고, 동화시키는 작업을 대외 정책의 핵심요소로 인식하였다. 이러한 기조는 한족이 세운 정권 뿐만 아니라 몽골족과 만주족이 세운 원나라와 청나라에서도 지속되었다. 본부와 번부, 내지와 변강을 통합시키고 일체화하려는 정책은 중국 역대 왕조에서 일관되게 추진해 온 핵심사항이었다.

서로 다른 민족 간에 종교와 문화를 통일하고 언어를 병행하려는 일원화 정책은 20세기 초 량치차오(梁启超)와 쑨원(孙文) 등에 의해 '하나의 중국' 관념으로 발전하였고 이후 '다민족 통합 정책'으로 발전하였다(박장배, 2005: 157-161). 하나의 '국가'(다민족 통일 국가)와 하나의 '민족'(중화민족)으로 구성된 다민족을 통합시켜 중국을 부흥시키고자 했던 '다민족 통합 정책'은 이후 역사와 문화 통합작업으로 확대되어 서남공정, 둥베이공정 등으로 구체화되었다. 이렇듯 중국의 전통적인 세계관이었던 중화사상은 이후 민족개념이 도입되면서 중화민족 개념으로 발전하였다. 량치차오는 1905년 발표한 글에서 '중국은 태동할 때부터 하나로 통일된 국가이니 인종·언어·문화·풍속도 통일되어야 한다'고 주장하였다.[12] 그리고 중국 영토에 대해서도 하나로 통일되어 있지만, 그 안에는 '중국 본부, 신장(新疆), 멍구(蒙古), 만주로 나눌 수 있다'라고 하였다. 즉, 량치차오는 중국이라는 큰 영토 속에 여러 민족이 공존하고 있는 대민족주의를 표방하였다(中华民族自始本非一族, 实由多民族混合而成). 중화민국 초기 쑨원에 의해 한족을 중심으로 한 중화통일주의가 추진되었지만, 소수민족의 문화와 언어를 존중하는 중화인민공화국이 1949년 들어서면서 그 의미를 상실하였다.

1990년대에 이르러 중화민족론은 페이샤오퉁(费孝通)에 의해 '중화민족의 응집력이 다민족의 혼합과 융합과정을 거쳐 생겨나기 때문에 중화민족은 다원적이면서도 일체를 이루고 있다.'라는 '중화민족 다원일체론'으로 발전하였다. 페이샤오퉁의 중화민족론은 전통적인 중화세계관에 사회주의 민족이론을 접목시킨 것으로 큰 반향을 불러일으켰다(최우길, 2005: 201-205).

중국 역사교과서는 중화인민공화국 성립 이후 40여 년 간에 걸쳐 국정교과서 체제를 유지해 왔다. 중국역사교과서의 경우 국가교육위원회(国家教育委员会)에서 반포한 교학대강(教学大纲)에 따라 편집되었고, 인민교육출판사(人民教育出版社)에서 출판을 전담하였다. 국가에서 주도적으로 역사교과서의 편집과 출판에 관여한 만큼 중국의 역사교과서는 정치적 간섭에서 자유로울 수 없었다. 이처럼 중국의 역사교과서는 철저하게 국가 통제 하에 편집·출판되었기 때문에 중국정부의 역사 인식과 세계관이 교과서 속에 투영될 수밖에 없는 구조였다.

---

12) 梁启超, "歷史上中國民族之觀察," 1905.

신중국 건설 초기에는 새로운 나라를 건설하는 데 기여한 소수민족의 투쟁사를 많이 기술함으로써, 인민들에게 자부심을 부여함과 동시에, 이들이 신중국에 적극적으로 동참하도록 하는 계기로 삼았다. 그러나 이러한 경향은 문화혁명 시기를 거치면서 급격하게 퇴조하는 경향을 보임으로써, 소수민족 관련 내용이 급격하게 줄어들었다. 개혁·개방기를 거치면서 새로운 사상교육이 필요했던 중국 정부는 반제국주의 투쟁에 앞장선 인물들을 집중적으로 조명하기 시작하였다. 그리고 소수민족에 대한 역사공정이 본격화되면서, 현재의 영토 속에 포함된 부분을 중국사로 편입시키는 중화주의 사관을 강조하고 있다.

그 결과, 조선족 학교에서는 중국 역사를 가르칠 때 한족학교에서 가르치는 중국역사 교과서를 조선어로 번역하여 가르치는 현상이 나타났고, 이러한 역사 교육은 조선족의 민족정체성을 중국의 소수민족으로 국한하는 결과를 초래했다. 한말 독립운동의 본거지이자, 많은 독립투사들이 고초를 겪었고 해방 이후에도 돌아오지 못한 독립열사의 후손들이 살아가고 있는 둥베이3성에서, 정작 한민족의 우수성을 공개적으로 가르칠 수 없는 환경이 조성되었던 것이다. 한민족의 정체성보다는 중국 소수민족의 일원으로 한정되어야 했고, 중화주의에 예속되어야 했던 조선족의 한계가, 한국과의 관계 개선에 따라, 외부로 눈을 돌리게 하는 계기로 작용하였다.

Ⅲ. 한국 측 요인[13]

1. 세계자본주의 체계 내 지위 상승

한국 경제는 초고속 성장을 거듭하였다. 한국은 생산의 전 지구화와 세계노동시장의 성립이라는 근본적 구조변화 과정 속에서, 자본유입국에서 수출국으로, 노동력 송출 국에서 유입국으로 지위 상승을 경험하였다. 한국은 자본의 수입과 수출, 노동력의 송출과 유입을 모두 경험한 드문 사례에 속한다. 역사적 전개과정을 보면, ① 1950년대 미국의 원조부터 최근의 외국인투자에 이르기까지 '외국자본의 국내 유입'이 선행되었고, ② 1960년대 초반부터 국가 간 협약에 의하여 '한국노동력의 해외 진출'이 시작되어 1980년대 후반까지 이어졌으며, ③ 1960년대 후반부터 '한국자본의 해외 진출'이 시작되어 1980년대 접어들면서 본격화되었고, ④ 1980년대 후반부터 '이주민이 한국으로 유입'되기 시작하였다.

이주민이 유입되기 시작한 시점은 강력한 노동운동과 그로 인한 임금 상승이 이루어진 시점과 정확히 일치한다. 1987년 이후 강력한 노동운동은 국내 대기업 생산직 노동자의 임금을 급속히 상승시켰고, 동시에 내국인 노동자의 '3D직종 기피 현상'이 광범위하게 확대되었다. 그 결과, 저임금 노동력에 의존하여 왔던 '3D업종'의 중소기업은 극심한 인력난을 겪게 되었다. 이처럼 생산직 인력난이 만성화된 국내 노동시장 상황은 이주민을 한국으로 유인한 기본적 계기가 되었다. 1987년 무렵부터 이주민은 한국으로 자발적으로 몰

---

13) 설동훈(1999: 86-104)과 설동훈·김윤태·김현미·윤홍식·이혜경·임경택·정기선·주영수·한건수(2015: 30-33)를 수정·보완하였다.

려왔다.

더구나 이 무렵 추진된 한국정부의 북방정책에 의하여 조선족은 한국 방문 사증을 매우 쉽게 발급받을 수 있었고, 필리핀·방글라데시·네팔·파키스탄·스리랑카 출신의 이주민도 별 어려움 없이 입국할 수 있었다. 방문·관광 등 단기사증을 발급받고 입국한 외국인들이 국내에서 취업하는 현상이 출현하기 시작하였다. 국내 기업은 그때까지 이주민을 고용한 적이 전혀 없었으나, 극심한 생산직 인력난 때문에 그들에게 충분한 일자리를 제공할 수 있었다. 또한, 국내 결혼시장의 혼란(신부 부족)을 계기로 중국조선족과 필리핀 여성 등이 국내로 결혼 이민을 오는 현상이 발생하였다.

마침내, 1992년에는 자본 수출이 수입을, 노동력 유입이 송출을 초과하게 되었다. 한국은 노동력의 송출국에서 유입국으로, 자본 수입국에서 수출국으로 전환되었다. 이는 국제분업구조에서 한국이 차지하는 위치가 변화되었음을 의미한다.

2. 한국의 노동시장과 결혼시장

한국은 생산연령인구의 비율이 높고, 국민 교육수준이 높으며, 양적·질적으로 풍부하고 우수한 노동력을 다량 보유하고 있지만, 일부 업종의 중소기업은 매우 심각한 생산직 노동력 부족을 겪고 있었다. 동시에, 한국에는 그보다 더 많은 실업자 또는 유휴노동력이 존재한다. 문제는 이 유휴노동력이 노동시장에 진입하는 데는 여러 가지 장애물이 존재하고, 또 진입한다고 할지라도 인력난이 심한 '3D 직종'에 종사할 가능성은 그다지 높지 않다는 점이다. 이 때문에 생산직 인력난은 거의 만성화되다시피 한 상태였다. 이러한 상황은 중소기업 생산직 인력난이 단순히 "몇 명 부족하다"는 식의 양적인 개념이 아님을 나타낸다. 1980년대 후반부터 대학졸업자는 취업난을 겪고 있었다는 점을 명심할 필요가 있다. 다시 말해, 노동력 부족은 양적인 것이 아니라 질적인 것으로 정의된다.

그것은 한국인의 '3D직종 취업 기피 현상'이 확산되었기 때문이다. 한국의 노동시장은 1980년대 중반 이후 실업률이 2.5% 주위에서 꾸준히 맴도는 거의 완전고용 상태를 유지하고 있었다. 1987년 민주화 이후 활성화된 노동운동은 임금 상승과 노동조건의 향상을 초래하였는데, 그 효과는 대기업에 집중되었다. 그 결과 중소기업과 대기업의 격차가 확대되었으며, 한국인은 상대적으로 조건이 열악한 중소기업의 취업을 기피하기 시작하였다. 더욱이 1980년대 후반부터 진행된 '주택 200만호 건설'로, 많은 노동자들이 상대적으로 임금 수준이 높은 건설업에 투입되었다. 이러한 상황은 한국인으로는 충원될 수 없는 노동시장의 공백이 존재한다는 점을 의미하였다. 이주민은 한국 노동시장의 이 공백을 메우면서 들어와 정착하였다.

한국의 노동시장에서 발생하기 시작한 생산직 인력난은 외국인투자 규모를 축소하고 해외투자 규모를 증가시킨 요인이면서, 이주민을 끌어들인 직접적 요인이었다. 한국에서 생산직 노동력 부족 현상은 1988년경부터 일부 업종에서 심각하게 대두되었다. 그 원인은 단순노동자의 공급원이 크게 감소한, 한국의 노동력 공급 구조 변화에서 찾을 수 있다.

첫째, 농촌이 노동력의 저수지로서의 기능을 상실하였다. 이농(離農)이 둔화되었을 뿐만 아니라 이농 노동력의 성격이 변화하였다. 이농 인구의 도시인구 부가 효과는 1965-1970년에 최고 수준을 이루었다가 1980년대 이후에는 급격히 감소하였다. 그리고 이농 인구에서 신규 학교졸업자가 차지하는 비율이 상승함에 따라 과거 이농 인구가 취업하였던 직종을 기피하는 경향이 증대하였다. 반면, 이농으로 인한 농촌인구 감소 효과는 최근으로 올수록 증대하였다. 그 결과 농촌과 도시에서 노동력 부족이 동시에 발생하였다. 도시의 경우 종래 이농 인구가 담당하였던 부문에서 인력난이 발생하였고, 농촌에서는 청장년층 인구의 이농으로 인해 만성적 노동력 부족에 시달리게 되었다.

둘째, 청소년 인구가 절대적으로 감소하였다. 1950-1960년대 초에 출생한 아기붐 세대(baby boomer)의 노동시장 유입이 1980년대 중반에 종결되면서 근로 청소년의 규모는 더욱 크게 감소하였다. 이에 따라 과거 10대 청소년 노동자가 담당하였던 노동시장 부문이 공동화(空洞化)되었다.

셋째, 청소년의 진학률이 대폭 상승하였다. 노동력의 고학력화로 인하여 노동시장에서는 저학력 단순기능인력 부족 현상이 한층 더 심화되었다.

넷째, 기능 인력의 공급이 정체되었다. 공업고등학교와 직업훈련원을 통한 기능 인력의 공급이 정체되면서 노동력의 인문화(人文化) 경향이 강화되어 왔다.

다섯째, 노동자들의 근로 의식이 변화하였다. 한국 경제의 발전으로 생활수준이 향상되면서 '노동생활의 질'(quality of working life)을 고려하여 직업을 선택하는 경향이 증대하였다. 즉 낮은 임금수준, 열악한 작업환경, 사회이동 통로의 봉쇄 등으로 특징지어지는 제2차 노동시장 부문에 대한 취업 기피가 확산되었다.

여섯째, 대기업과 중소기업 간의 노동시장 분절이 심화되었다. 1987년 노동자투쟁을 계기로 대기업과 중소기업 간의 임금격차와 노동조건의 차이가 더욱 확대되면서, 중소기업은 인력 확보에 더욱 큰 어려움을 겪게 되었다.

한편, 한국사회에서는 이미 수십 년 전부터 남아선호의 결과 낙태가 공공연하게 자행되었고, 그 결과 결혼시장에서의 남녀 성비 불균형이 심화되었다. 사회 전체의 고학력화 추세, 여성의 경제활동참가율 증대, 그로 인한 결혼 연령의 상승이 연쇄적으로 이어지면서 만혼화(晚婚化) 현상이 두드러지고, 독신자 비율이 증가하였다. 그 결과 남성이 결혼시장에서 배우자를 구하지 못하는 현상이 발생하였다. 성비 불균형에 따른 결혼시장의 혼란이 발생하면, 일차적으로 사람들은 그 배우자를 구할 때 연령 차이를 무시하기 시작하고, 그 다음에는 재혼자 또는 그보다 많이 결혼했던 사람을 배우자로 받아들인다. 이처럼 내부 적응과정을 거치더라도, 결혼시장에서 취약한 위치에 있는 사람들은 그 배우자를 찾기가 힘들어지면, 독신으로 지내거나 아니면 '외부시장'에서 배우자를 충원할 수밖에 없다.

1980년 무렵부터 농촌 총각은 장가가기가 힘들어졌으며, 그에 따라 농촌 총각들은 결혼적령기에 도시로 이주하여 결혼 후 농촌으로 다시 귀환하거나, 여성 결혼이민자를 아내로 맞아들일 수밖에 없는 상황이 전개되었다. 1980년대 말부터 '농촌총각 장가보내기 운동'이 일어난 것은 이러한 결혼시장 상황을 반영한 것이었고, 외국인 신부의 농촌 유입 역시 성비 불균형에 의하여 촉발된 것이다.

그 과정에서, 한국인은 문화 차이가 상대적으로 적은 조선족 여성을 선호하였다. 조선족 사회와 한국 사이의 교류의 증가와 더불어 한국인과 같은 민족성을 가진 것으로 여겨진 조선족 여성들이 한국 내에서 배우자를 찾을 수 없는 한국 남성에게 적절한 결혼상대로 여겨지면서 한국에서 조선족 여성과의 국제결혼이 증가하였다.

제3장

조선족의 한국 유입, 1992-2019년

조선족은 1987년 무렵부터 한국에 오기 시작했으나, 정부 통계를 통해 그 규모를 확인할 수 있는 것은 한·중 수교가 이루어진 1992년 이후이다. 이 장에서는 조선족의 한국 유입 경과를 통계자료를 통해 살펴보기로 한다.

I. 조선족의 한국 유입 경과

중국과 한국 사이의 국제적인 이주는 특히 1988년 서울올림픽과 1992년 한·중 수교를 거치면서 한국과 중국 사이의 교류가 확장되고 두 나라 사이의 사회적 거리가 가까워지면서 급격하게 늘어났다. 한국은 중국과 교류하면서, 특히 지린(吉林)·랴오닝(辽宁)·헤이룽장(黑龙江)의 중국 둥베이(东北)3성에 살고 있는 조선족에게 친척 방문이나 문화교류 등의 형태로 방문할 수 있는 기회를 열어주었다. 그에 따라 1980년대 말부터 많은 조선족이 한국으로 들어오기 시작하였고, 얼마 지나지 않아 조선족은 한국에서 가장 큰 이주민 집단을 형성하게 되었다.

[그림 3-1]과 <표 3-1>에서 재한 중국국적 조선족 체류자 수의 추이를 보면, 1993년, 1998년, 2012년의 세 차례 소폭 감소한 것을 제외하고는 꾸준히 그 수가 증가하였다.

1993년의 조선족 수 7,625명 감소는 한국정부가 1992년 6월 1일 '사증발급승인서' 등을 통해 입국 규모를 통제한 효과로 볼 수 있고, 1998년 5,730명 감소는 1997년 한국과 아시아 여러 나라를 강타한 외환위기로 인한 극심한 경기침체가 그 원인이 된 것으로 설명할 수 있다.

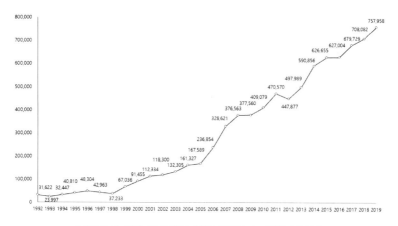

[그림 3-1] 재한 중국국적 조선족 체류자 수, 1992-2019년

　2012년에 그 전 연도보다 22,693명이 감소한 것은 한국정부가 2010년과 2011년에 방문취업(H-2)을 재외동포(F-4) 체류자격으로 변경해주는 제도를 확대하는 한편, 방문취업자 수를 엄격히 통제한 것과 관련 있다. 2012년에 등록외국인 수는 66,537명 감소하였고, 재외동포 체류자격을 가진 거소신고자 수는 42,861명이 늘었으며, 단기체류자 수도 983명이 늘었다. 등록외국인 중 대부분이 방문취업 체류자격자인데, 외국인력정책위원회에서 방문취업 체류자격자 수를 2010년 이후 30만3천 명 수준으로 '총량 관리'하였기 때문이다.[1]

　재한 중국국적 조선족 체류자 수가, 이 3년을 제외하고는, 꾸준히 증가하였다는 점은 국내의 다른 이주민과는 다른 특성을 보인다. 국내 외국인노동자 수는 외국인력제도와 더불어 국내 경기변동의 영향을 크게 받고 있지만(薛東勳, 2016; Seol, 2018 참조), 재한조선족 체류자 수는

---

1) 계약기간 만료, 체류자격 변경, 불법체류자 단속 등으로 인한 출국 등을 고려하여, 방문취업 체류자격자의 총인원을 관리하는 방식이다. 노동부장관, "제11차 외국인력 정책위원회 결정사항 공고," 2010·3·31 참조.

상대적으로 덜 영향을 받는다. 이는 조선족의 해외 이주지 선택 폭이 다른 이주민에 비해 좁은 것과 관련이 있는 것으로 해석할 수 있다.

<표 3-1> 재한 중국국적 조선족 체류자 수, 1992-2019년

연도	인원(명)				구성비율(%)			
	전체	등록 외국인	거소 신고자	단기 체류자	계	등록 외국인	거소 신고자	단기 체류자
1992	31,622	419	-	31,203	100.0	1.3	-	98.7
1993	23,997	2,143	-	21,854	100.0	8.9	-	91.1
1994	32,447	4,667	-	27,780	100.0	14.4	-	85.6
1995	40,810	7,367	-	33,443	100.0	18.1	-	81.9
1996	48,304	9,345	-	38,959	100.0	19.3	-	80.7
1997	42,963	11,800	-	31,163	100.0	27.5	-	72.5
1998	37,233	11,769	-	25,464	100.0	31.6	-	68.4
1999	67,036	20,305	0	46,731	100.0	30.3	0.0	69.7
2000	91,455	32,443	0	59,012	100.0	35.5	0.0	64.5
2001	112,334	42,827	0	69,507	100.0	38.1	0.0	61.9
2002	118,300	48,293	0	70,007	100.0	40.8	0.0	59.2
2003	132,305	108,283	0	24,022	100.0	81.8	0.0	18.2
2004	161,327	128,287	0	33,040	100.0	79.5	0.0	20.5
2005	167,589	146,338	0	21,251	100.0	87.3	0.0	12.7
2006	236,854	221,525	0	15,329	100.0	93.5	0.0	6.5
2007	328,621	310,485	0	18,136	100.0	94.5	0.0	5.5
2008	376,563	362,920	2,429	11,214	100.0	96.4	0.6	3.0
2009	377,560	363,087	4,804	9,669	100.0	96.2	1.3	2.6
2010	409,079	366,154	31,502	11,423	100.0	89.5	7.7	2.8
2011	470,570	389,398	72,870	8,302	100.0	82.8	15.5	1.8
2012	447,877	322,861	115,731	9,285	100.0	72.1	25.8	2.1
2013	497,989	329,835	157,443	10,711	100.0	66.2	31.6	2.2
2014	590,856	375,572	206,047	9,237	100.0	63.6	34.9	1.6
2015	626,655	380,091	238,582	7,982	100.0	60.7	38.1	1.3
2016	627,004	341,863	272,663	12,478	100.0	54.5	43.5	2.0
2017	679,729	318,768	307,292	53,669	100.0	46.9	45.2	7.9
2018	708,082	345,318	330,394	32,370	100.0	48.8	46.7	4.6
2019	757,958	390,059	334,624	33,275	100.0	51.5	44.1	4.4

주: 1) 통계 기준시점은 각 연도 12월말이다. 단, 2019년은 4월말 기준 통계다.
　　2) '재외동포의 출입국과 법적 지위에 관한 법률'(1999·9·2 제정, 1999·12·3 시행)에 의해 '재외동포'(F-4) 체류자격을 발급받은 외국국적동포는 '거소신고'를 해야 한다.
자료: 법무부, 『출입국·외국인정책통계연보』, 각 연도. 저자 계산.

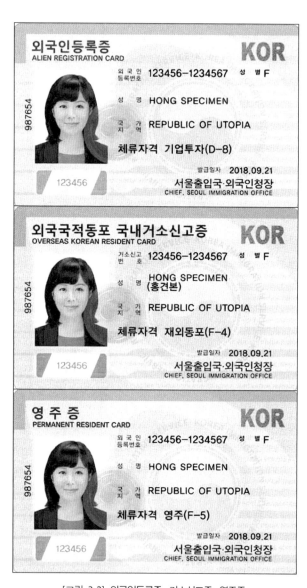

[그림 3-2] 외국인등록증, 거소신고증, 영주증

[그림 3-3]과 <표 3-1>에서, 재한 중국국적 조선족의 체류자격별 분포를 보면, ① 1992-2002년, ② 2003-2009년, ③ 2010-2019년의 세 시기로 구분할 수 있다. 1992-2002년에는 '단기체류자'가 전체 체류 외국인의 절반 이상을 차지하였다. 한·중 수교가 이루어진 1992년 국내 조선족 체류자 수는 31,622명이었는데, 단기체류자격을 가진 사람이 98.7%(31,203명), 장기체류자격을 가진 사람은 1.3%(419명)에 불과하였다. 그렇지만 그 후 등록외국인의 비율이 꾸준히 증가하여, 2002년에는 전체 체류자 118,300명 중 단기체류자 59.2%(70,007명), 등록외국인 40.8%(48,293명)으로 바뀌었다.

2003-2009년에는 '외국인 고용허가제'(2003년)와 '외국국적동포 방문취업제'(2006년) 실시로 조선족의 국내 취업과 체류 문호가 대폭 확대되었다. 2003년 조선족 체류자 수는 132,305명으로 그 전 해보다 14,005명 증가하였다. 그보다 더욱 극적인 전환은 체류외국인 중 등록외국인 비율의 급증이다. 2003년 등록외국인 수는 108,283명(81.8%), 단기체류자 수는 24,022(18.2%)로, 그 전 연도와 비교할 때, 완전히 양상이 바뀌었다. 이렇게 된 까닭은 2003년 국회에서 '외국인근로자의 고용 등에 관한 법률'을 제정한 데 이어, 한국정부가 국내 불법체류 외국인의 체류자격 합법화 조치를 시행하였기 때문이다. 다시 말해, 그 조치를 계기로, 단기체류자격을 가진 조선족 동포가 등록외국인으로 바뀐 것이다. 한국정부는 2005-2006년 '불법체류 동포귀국지원 프로그램'을 운용하여, 단기체류자격을 소지한 불법체류자의 자진출국을 유도함과 동시에 등록외국인으로 체류자격을 바꿀 수 있는 기회를 부여하였다. 2007년에는 외국국적동포 방문취업제를 시행하여, 조선족 동포가 국내에서 저숙련 일자리에 취

업하는 것을 허용하였다. 이러한 정책의 영향으로, 조선족 등록외국인 수가 급증하였다.

2010-2019년에는 조선족에게 '재외동포' 체류자격 발급이 확대되었다. <표 3-1>에서 보듯이, 2007년까지 조선족은 '재외동포' 체류자격을 거의 발급받기 어려웠고(Seol and Skrentny, 2009), 2008년 1월 그 문호가 드디어 개방되었으며, 2010년 이후 그 발급건수가 크게 증가하였다. '재외동포' 체류자격자가 증가하면서, 국내 조선족 체류자 수도 급증하였다. '방문취업'에서 '재외동포'로 체류자격을 변경한 조선족이 꾸준히 증가하였고, 한국정부는 방문취업 체류자격자 총인원 30만3천 명을 계속 유지하기 위하여 그 빈자리를 채우는 정책을 운용해왔기 때문이다. 그 결과, 2019년 4월 기준 조선족 체류자 757,958명 중 등록외국인 390,059명(51.5%), 재외동포 거소신고자 334,624명(44.1%), 단기체류자 33,275명(4.4%)로, 그 구성이 달라졌다. 거소신고자 비율이 매년 급증하고 있음을 확인할 수 있다.

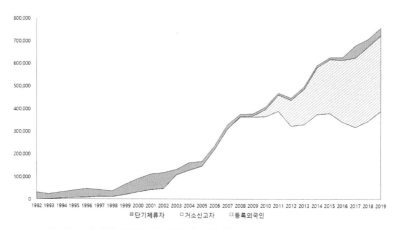

[그림 3-3] 재한 중국국적 조선족의 체류자격별 체류자 수, 1992-2019년

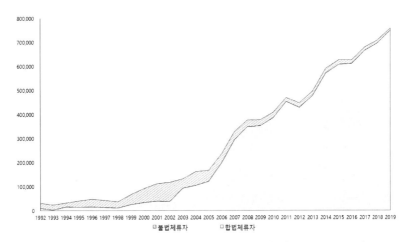

[그림 3-4] 재한 중국국적 조선족의 합법체류자·불법체류자 수, 1992-2019년

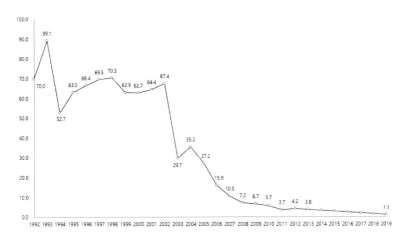

[그림 3-5] 재한 중국국적 조선족의 불법체류자 비율, 1992-2019년

요컨대, 재한 중국국적 조선족은 '단기체류자'에서 '등록외국인'을 거쳐 '거소신고자'가 중심을 차지하는 형태로 바뀌어 왔다. 이는 한국에서 재정착하는 조선족 동포가 늘고 있음을 나타내는 징표로 여겨진다.

[그림 3-4], [그림 3-5], <표 3-2>는 재한 중국국적 조선족의 합법체류-불법체류 구성을 보여준다. 1992-2002년에는 조선족 불법체류자 수가 합법체류자 수보다 많았다. 1992년 불법체류자 수는 22,128명(70.0%)이었고, 2002년에는 79,737명(67.4%)이었다. 한국정부는 1987년 조선족 '동포'를 이산가족으로 간주하여 '국민'처럼 처우하기도 하였으나, 1988년 외국인으로 간주하여 '사증'을 발급하였으며, 1992년 이후 국내 노동시장에 미치는 악영향을 우려하여 그들의 입국과 체류 및 취업을 강하게 규제하였다. 이러한 규제에도 불구하고, 한국에서 체류하고 취업하려는 조선족 동포가 많았다. 2002년까지 재한조선족의 과반수가 불법체류자로 생활하였다.

그런데 2003년 그 비율이 정확히 역전되었다. 2003년 불법체류자 수는 39,256명(29.7%)이었고, 합법취업자 수는 93,049명(70.3%)였다. 그 핵심 원인은 2003년, 2005-2006년 한국정부가 실시한 불법체류자 대책에서 찾을 수 있다. 한국정부는 불법체류 조선족의 체류자격 합법화 조처를 취하는 한편, 조선족 동포가 국내에서 합법적으로 체류하고 취업할 수 있는 기회를 대폭 확대하였다. 전체 체류자 중 불법체류자가 차지하는 비율은 2003년 29.7%였던 것이, 2006년에는 15.9%, 2007년에는 10.5%로 낮아졌고, 2013년에는 3.8%, 2019년에는 1.1%로 급격히 낮아졌다.

<표 3-2> 재한 중국국적 조선족의 체류자격별 구성, 1992-2019년

연도	인원(명)			구성비율(%)		
	전체	합법체류	불법체류	전체	합법체류	불법체류
1992	31,622	9,494	22,128	100.0	30.0	70.0
1993	23,997	2,610	21,387	100.0	10.9	89.1
1994	32,447	15,354	17,093	100.0	47.3	52.7
1995	40,810	15,104	25,706	100.0	37.0	63.0
1996	48,304	16,231	32,073	100.0	33.6	66.4
1997	42,963	13,105	29,858	100.0	30.5	69.5
1998	37,233	11,045	26,188	100.0	29.7	70.3
1999	67,036	24,867	42,169	100.0	37.1	62.9
2000	91,455	34,107	57,348	100.0	37.3	62.7
2001	112,334	40,002	72,332	100.0	35.6	64.4
2002	118,300	38,563	79,737	100.0	32.6	67.4
2003	132,305	93,049	39,256	100.0	70.3	29.7
2004	161,327	104,304	57,023	100.0	64.7	35.3
2005	167,589	122,026	45,563	100.0	72.8	27.2
2006	236,854	199,134	37,720	100.0	84.1	15.9
2007	328,621	294,173	34,448	100.0	89.5	10.5
2008	376,563	349,356	27,207	100.0	92.8	7.2
2009	377,560	352,404	25,156	100.0	93.3	6.7
2010	409,079	385,920	23,159	100.0	94.3	5.7
2011	470,570	453,286	17,284	100.0	96.3	3.7
2012	447,877	428,968	18,909	100.0	95.8	4.2
2013	497,989	478,875	19,114	100.0	96.2	3.8
2014	590,856	n.a.	n.a.	100.0	n.a.	n.a.
2015	626,655	n.a.	n.a.	100.0	n.a.	n.a.
2016	627,004	n.a.	n.a.	100.0	n.a.	n.a.
2017	679,729	n.a.	n.a.	100.0	n.a.	n.a.
2018	708,082	n.a.	n.a.	100.0	n.a.	n.a.
2019	757,958	749,491	8,467	100.0	98.9	1.1

주: 통계 기준시점은 각 연도 12월말이다. 단, 2019년은 4월말 기준 통계다.
자료: 법무부, 『출입국·외국인정책통계연보』, 각 연도. 저자 계산.

<표 3-3> 재한 중국국적 조선족의 성별 구성, 1992-2019년

연도	인원(명)			구성비율(%)		
	전체	남자	여자	전체	남자	여자
1992	31,622	16,856	14,766	100.0	53.3	46.7
1993	23,997	12,816	11,181	100.0	53.4	46.6
1994	32,447	17,708	14,739	100.0	54.6	45.4
1995	40,810	21,405	19,405	100.0	52.5	47.5
1996	48,304	25,213	23,091	100.0	52.2	47.8
1997	42,963	23,533	19,430	100.0	54.8	45.2
1998	37,233	20,090	17,143	100.0	54.0	46.0
1999	67,036	33,952	33,084	100.0	50.6	49.4
2000	91,455	45,572	45,883	100.0	49.8	50.2
2001	112,334	54,040	58,294	100.0	48.1	51.9
2002	118,300	54,992	63,308	100.0	46.5	53.5
2003	132,305	60,542	71,763	100.0	45.8	54.2
2004	161,327	73,018	88,309	100.0	45.3	54.7
2005	167,589	73,497	94,092	100.0	43.9	56.1
2006	236,854	110,489	126,365	100.0	46.6	53.4
2007	328,621	161,767	166,854	100.0	49.2	50.8
2008	376,563	188,610	187,953	100.0	50.1	49.9
2009	377,560	191,854	185,706	100.0	50.8	49.2
2010	409,079	208,706	200,373	100.0	51.0	49.0
2011	470,570	240,751	229,819	100.0	51.2	48.8
2012	447,877	227,235	220,642	100.0	50.7	49.3
2013	497,989	257,264	240,725	100.0	51.7	48.3
2014	590,856	305,268	285,588	100.0	51.7	48.3
2015	626,655	324,585	302,070	100.0	51.8	48.2
2016	627,004	324,436	302,568	100.0	51.7	48.3
2017	679,729	356,176	323,553	100.0	52.4	47.6
2018	708,082	372,222	335,860	100.0	52.6	47.4
2019	757,958	395,475	362,483	100.0	52.2	47.8

주: 1) 통계 기준시점은 각 연도 12월말이다. 단, 2019년은 4월말 기준 통계다.
   2) 『출입국·외국인정책통계연보』에는 '거소신고자'의 성별 분포가 제시되어 있지 않으므로, 2008-2018년 성별 거소신고자 인원은 2019년의 성별 분포(남자 48.3%, 여자 51.7%)와 동일한 것으로 가정한 추정치를 사용하였다.

자료: 법무부, 『출입국·외국인정책통계연보』, 각 연도. 저자 계산.

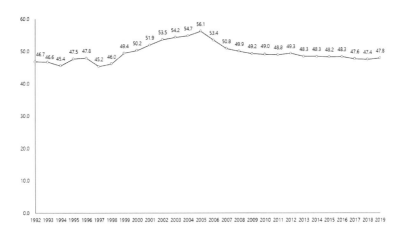

[그림 3-6] 재한조선족 체류자 중 여성 비율, 1992-2019년

<표 3-3>과 [그림 3-6]은 재한 중국국적 조선족의 성별 구성을 보여준다. 2005년 여성 비율이 56.1%였고, 1997년 남성 비율이 54.8%였던 것이 고점(高點)이었을 정도로, 남성과 여성 비율이 거의 일정하다. 큰 변동은 없지만, 작은 차이는 확인할 수 있다. 1992-1999년에는 남성 비율이 더 높았고, 2000-2007년에는 여성 비율이 더 높았으며, 2008-2019년에는 다시 남성 비율이 더 높다. 이는 조선족이 국내 노동시장에서 차지하는 위치와 연관하여 조심스럽게 해석할 수 있다.[2]

Ⅱ. 재한조선족의 한국국적 취득

이주가 장기화되면서 중국 국적을 버리고 한국 국적을 취득한 조

---

2) 조선족 남성은 건설업에, 여성은 도소매 및 숙박·음식점업에 주로 취업하고 있다.

선족도 크게 늘었다. <표 3-4>에 따르면, 2001-2017년의 17년 간 92,318명의 조선족이 한국 국적을 취득하였다. 조선족 귀화자 수를 보면, 2001년 513명이었던 것이, 2002년 2,115명, 2003년 3,734명, 2004년 4,183명, 2005년 7,687명으로 증가하였다. 그러다 2006-2007 년에는 다소 감소하였다가, 2008년에는 7,526명으로 2005년과 비슷한 수준이 되었으며, 2009년에는 16,437명으로 최고 수준을 기록하였다. 2010년 이후에는 귀화자 수가 지속적으로 감소하고 있다. 2010년 9,216명, 2011년 7,719명, 2012년 4,213명, 2013년 3,905명, 2014년 4,851명, 2015년 4,940명, 2016년 3,494명, 2017년 1,521명으로 그 수가 줄었다. 이는 중국의 급격한 경제발전으로 인해 귀화보다는 중국 국적을 유지하면서, 한·중 양국에서 '삶의 기회'를 찾으려는 사람이 증가한 것으로 해석할 수 있다. 신규 국적 취득자 수는 더이상 증가하지 않고 있지만, 국내에 거주하고 있는 귀화자 수는 꾸준히 늘고 있다. 국내 거주 조선족 귀화자 수는 2005년 21,719명이었던 것이, 2006년 30,163명, 2007년 38,435명, 2008년 42,467명, 2009년 54,999, 2010년 57,258명, 2011년 68,612명, 2012년 72,631명, 2013년 76,921명, 2014년 73,998명, 2015년 74,551명, 2016년 75,103명, 2017년 79,985명, 2018년 83,347명으로 증가하였다.[3]

이는 재중조선족 사회에도 큰 영향을 미쳤다. <표 3-5>에서 보듯이, 중국 인구센서스에 나타난, 재중조선족 인구는 1953년 1,120,405명, 1964년 1,348,594명, 1982년 1,765,204명, 1990년 1,923,361명, 2000년 1,923,842명, 2010년 1,830,929명으로 변화하였다. 1953년 이후 1990년까지는 총인구가 꾸준히 증가하였으나, 조선족의 한국

---

[3] '연간 국적취득자 수의 17년간 누적 인원' 92,318명보다 '2017 국내 체류자 수' 79,985 명이 적은 것은 사망 또는 해외이주 등 인구학적 요인으로 설명할 수 있다.

이주가 시작된 이후 재중조선족 인구는 더이상 성장을 멈추었다가 급격히 줄기 시작하였다. 1990년 인구와 비교할 때 2000년 인구는 거의 변화가 없었으나, 2010년에는 92,432명이 준 것으로 나타났다. 2010년 재한조선족 국적취득자 중 국내 거주자 수가 57,258명이었다는 점을 고려하면(표 3-4 참조), 재중조선족 인구가 감소한 제1차

<표 3-4> 재한조선족 한국국적 취득자 수, 2001-2018년

(단위: 명, %)

연도	연간 국적취득자 수	2001년 이후 국적취득자 누적인원	국내 거주 국적취득자 수
2001	513	513	-
2002	2,115	2,628	-
2003	3,734	6,362	-
2004	4,183	10,545	-
2005	7,687	18,232	21,719
2006	4,495	22,727	30,163
2007	5,769	28,496	38,435
2008	7,526	36,022	42,467
2009	16,437	52,459	54,999
2010	9,216	61,675	57,258
2011	7,719	69,394	68,612
2012	4,213	73,607	72,631
2013	3,905	77,512	76,921
2014	4,851	82,363	73,998
2015	4,940	87,303	74,551
2016	3,494	90,797	75,103
2017	1,521	92,318	79,985
2018	n.a.	n.a.	83,347

주: 1) 이 표의 국적취득자 수는 『출입국·외국인정책 통계연보』의 '귀화 소계' 값이다.
　　2) 『2018 출입국·외국인정책 통계연보』는 중국인 귀화자 수 4,838명만 제시하고 있다. 그 전 연도인 2017년 중국인 귀화자 수는 4,781명(그중 '한국계 중국인' 1,521명)이었다.
　　3) '재한조선족 국적취득자 수'는 『지방자치단체 외국인주민현황』에서 구하였다. 2018년 '비한국계 중국인 국적취득자 수'는 36,094명이었다.

자료: 법무부 출입국·외국인정책본부, 『출입국·외국인정책 통계연보』, 각 연도.
　　행정안전부, 『지방자치단체 외국인주민현황』, 각 연도.

원인은 한국 이주이고, 미국·일본 등으로 진출한 것도 영향을 미친 것으로 파악된다.[4]

재중조선족은 원래 중국 둥베이 3성에 집중적으로 거주하였으나, 1978년 개혁·개방, 1992년 한·중 수교를 거치면서, 중국 내 다른 지역으로의 이주 또한 확대되었다. 둥베이3성 거주 조선족 인구 비율은 1953년 98.5%였던 것이 1964년 97.9%, 1982년 98.2%, 1990년 97.1%, 2000년 92.3%, 2010년 87.8%로 낮아졌다. 1990-2000년의 10년 사이에 4.8%p 감소하였고, 2010-2010년 사이에도 4.5%p 감소하였다. 네이멍구(內蒙古)까지 고려한 둥베이4성으로 확대하여도, 그 추세는 동일하다.

<표 3-5> 재중조선족 인구, 1953-2010년

(단위: 명, %)

구분	1953년	1964년	1982년	1990년	2000년	2010년
전국	1,120,405	1,348,594	1,765,204	1,923,361	1,923,842	1,830,929
둥베이3성+네이멍구	1,109,960	1,332,014	1,751,550	1,890,550	1,797,057	1,625,974
(%)	(99.1)	(98.8)	(99.2)	(98.3)	(93.4)	(88.8)
둥베이(东北)3성	1,103,255	1,320,734	1,733,970	1,868,377	1,775,198	1,607,510
(%)	(98.5)	(97.9)	(98.2)	(97.1)	(92.3)	(87.8)
지린(吉林)	756,026	866,627	1,104,074	1,183,567	1,145,688	1,040,167
헤이룽장(黑龙江)	231,510	307,594	431,644	454,091	388,458	327,806
랴오닝(辽宁)	115,719	146,513	198,252	230,719	241,052	239,537
네이멍구(内蒙古)	6,705	11,280	17,580	22,173	21,859	18,464
기타 지역	10,445	16,580	13,654	32,811	126,785	204,955
(%)	(0.9)	(1.2)	(0.8)	(1.7)	(6.6)	(11.2)

자료: 中华人民共和国 国家统计局, 『人口普查数据』, 각 연도. 저자 계산.

---

4) 조선족의 낮은 출산율도 인구 감소 요인으로 중요하다. 조선족의 합계출산율은 1971년 4.42였으나, 1974년에 1.89로 떨어졌고, 1989년에는 1.56, 1999년에는 1.10으로 크게 낮아졌다(권태환, 2005: 18).

<표 3-6> 재중조선족과 한국인의 지역별 인구, 2019년

(단위: 명)

	재외동포	재외국민				조선족
		소계	영주자	체류자		
				일반	유학생	
전국	2,442,417	288,945	291	236,677	51,977	2,153,472
화베이(华北)	250,053	75,976	0	55,237	20,739	174,077
베이징(北京)	95,383	53,443	0	36,660	16,783	41,940
톈진(天津)	58,554	20,556	0	17,276	3,280	37,998
허베이(河北)·산시(山西) 등	96,116	1,977	0	1,301	676	94,139
둥베이(东北)	1,635,856	28,346	0	24,754	3,592	1,607,510
랴오닝(辽宁)	255,775	16,238	0	15,139	1,099	239,537
지린(吉林)	1,047,227	7,060	0	5,860	1,200	1,040,167
헤이룽장(黑龙江)	332,854	5,048	0	3,755	1,293	327,806
화둥(华东)	377,992	120,988	288	99,193	21,507	257,004
상하이(上海)	76,872	32,030	182	21,197	10,651	44,842
장쑤(江苏)	39,626	16,511	84	12,182	4,245	23,115
저장(浙江)	16,613	6,922	17	2,916	3,989	9,691
안후이(安徽)	3,362	1,401	5	963	433	1,961
푸젠(福建)	3,798	1,641	0	1,518	123	2,157
장시(江西)	1,945	1,402	0	1,290	112	543
산둥(山东)	235,776	61,081	0	59,127	1,954	174,695
중난(中南)	161,887	53,616	0	49,341	4,275	108,271
허난(河南)	2,213	756	0	364	392	1,457
후베이(湖北)	3,992	2,032	0	901	1,131	1,960
후난(湖南)	1,668	488	0	220	268	1,180
광둥(广东)	149,208	49,208	0	46,988	2,220	100,000
광시(广西)좡족자치구	3,409	708	0	606	102	2,701
하이난(海南)	1,397	424	0	262	162	973
시난(西南)	8,960	5,630	2	4,933	695	3,330
충칭(重庆)	3,400	2,200	0	2,000	200	1,200
쓰촨(四川)	3,950	2,500	2	2,248	250	1,450
구이저우(贵州)	160	130	0	85	45	30
윈난(云南)	1,450	800	0	600	200	650

	재외동포	재외국민				조선족
		소계	영주자	체류자		
				일반	유학생	
시베이(西北)	7,669	4,389	1	3,219	1,169	3,280
산시(陝西)	5,829	4,220	0	3,110	1,110	1,609
간쑤(甘肅)	1,331	107	1	57	49	1,224
닝샤(宁夏)회족자치구	509	62	0	52	10	447

주: 1) 2018년 12월 31일 기준 통계.

2) 주중국대한민국대사관 담당 지역인 허베이(河北)·산시(山西)·네이멍구(内蒙古)·칭하이(青海)·신장(新疆)·티베트(西藏).

3) 전국 조선족 인구 2,153,472명은, 2010년 인구센서스 결과 1,830,929명을 고려할 때 최소 322,543명이 중복 집계된 것으로 여겨진다. 특히, 둥베이3성의 조선족 인구는 2010년 인구센서스 수치와 일치한다. 즉, 중국 내 한인 인구는 재외국민 288,945명과 인구센서스 상 조선족 인구 1,830,929명을 합한 2,119,874명으로 파악할 수 있다.

자료: 외교부, 『재외동포현황 2019』, 2019, pp. 66-75. 저자 계산.

2000년과 2010년의 중국 도시별 조선족 인구분포를 살펴보면, 기존의 조선족 집거지였던 지린·헤이룽장·랴오닝·네이멍구는 모두 인구가 감소하였고, 산둥(山东)·광둥(广东)·허베이(河北)·상하이(上海)·베이징(北京)·톈진(天津)·장쑤(江苏)·저장(浙江) 등 연해(沿海) 도시지역이나 대도시에서는 조선족 인구가 증가하였다. 특히 연해도시의 인구 증가가 두드러지는데, 둥베이3성과 내몽골 이외의 연해지역에 거주하는 조선족 인구는 2000년 85,396명에서 2010년에는 177,934명으로 크게 증가하였다. 다시 말해, 둥베이지역에 주로 거주하던 조선족이 1990년 이후 연해 도시와 대도시로 분산되기 시작한 것이다.[5] <표 3-6>에서 2019년 재중조선족의 거주지 분포를 살

---

5) 실제 중국 내 타 지역 거주자 수는 그보다 훨씬 많다. 그것은 중국 인구센서스에서 '상주인구'(당해 지역에 상주 호구(户口)를 갖고 있거나 그 지역 공안기관이 심사 발급한 임시거주증(暂住证)을 취득한 자)만 집계하고, 외지 거주자가 임시거주증을 취득하지 않은 사례는 포함하지 않기 때문이다. 대다수 '농촌 출신 도시 이주자'(民工, 农民工, 外来工)가 바로 이 경우에 해당한다. 그 결과, 중국에서는 상주인구와 실제거주인구의 차이가 크게 나타난다.

펴보아도, 유사한 결과를 발견한다. 그것은 개혁·개방 이후 중국사회가 경험한 공업화·도시화·시장경제화·자본주의화 등의 요소가 복합적으로 작용한 결과로 이해할 수 있다.

2000년 이후 중국 경제가 급성장하면서 중국 사회 내에도 좋은 일자리가 많이 생겨났다. 그에 따라 교육받은 젊은이들은 일자리를 찾아 구태여 한국으로 이주할 만한 유인이 크게 감소한 것이 사실이지만, 둥베이3성이라는 변경지역에 거주하는 중고령자에게는 한국이 여전히 매력적인 이주 대상국으로 존재하고 있는 게 사실이다. 그러므로 한국으로 오려는 조선족은 여전히 쇄도하고 있다.

재중조선족사회와 재한조선족사회는 별개의 것이 아니다. 어느 하나가 늘면 다른 하나는 줄어든다. [그림 3-7]은 <표 3-1>의 '재한조선족 중국국적 체류자 수'와 <표 3-4>의 '재한조선족 한국국적취득자 중 국내 체류 인원'을 그래프로 나타낸 것이다. 재한조선족 총수는 2005년 189,308명이었던 것이, 2010년 466,337명, 2015년 701,206명, 2018년 791,429명으로 증가하였다.

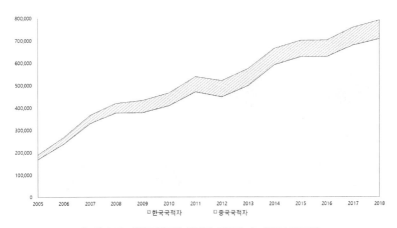

[그림 3-7] 재한조선족의 국적별 체류자 수, 2005-2018년

<표 3-7> 재한조선족 인구, 2005-2018년

(단위: 명, %)

구분	2005년	2010년	2015년	2018년
전체	200,637	488,100	610,554	654,252
19세 이상 성인	191,714	454,914	575,115	614,610
중국국적자	169,995	397,656	500,564	531,263
한국국적취득자	21,719	57,258	74,551	83,347
미성년 자녀	8,923	33,186	35,439	39,642

주: '단기체류자격'을 가진 사람은 포함하지 않는다.
자료: 행정안전부, 『지방자치단체 외국인주민현황』, 각 연도. 저자 계산.

<표 3-7>은 행정안전부의 『지방자치단체 외국인주민현황』에 나타난 재한조선족 인구를 보여준다. [그림 3-7]에 제시한 '재한조선족 중국국적 체류자' 중에는 일시 방문자도 포함되어 있음을 고려하면, 이 수치가 더욱 타당한 것으로 여겨지나, 이 역시 '단기체류자격을 가진 불법체류자'는 포함하지 못하는 문제가 있다. 이점을 고려하면, 2018년 기준 재한조선족 인구는 최소 654,252명, 최대 791,429명 사이에 있는 것으로 파악할 수 있다. 중국 인구센서스에서는 실제거주인구가 아니라 법적상주인구를 측정하므로, 재중조선족 인구가 크게 줄지 않은 것으로 파악하고 있다. 그러나 재한조선족 인구가 65만 명(또는 79만 명)에 달한다는 점을 고려하면, 중국조선족사회는 재중조선족사회와 재한조선족사회로 분화된 것으로 파악하는 게 타당하다고 본다.

Ⅲ. 체류자격·거주지역·연령별 재한조선족

재한조선족 인구의 기본 특성을 살펴보기로 한다. <표 3-8>은 재한조선족 인구의 체류자격 분포를 보여준다. 2019년 전체 체류자를 중심으로 살펴보면, '재외동포'(F-4) 체류자격자가 338,130명(44.6%)으로 가장 많고, 그 다음은 '방문취업'(H-2) 223,126명(29.4%), '영주'(F-5) 93,566명(12.3%), '방문동거'(F-1) 48,735명(6.4%), '단기종합'(C-3) 24,699명(3.3%), '결혼이민'(F-6) 17,013명(2.2%), '거주'(F-2) 10,247명(1.4%) 등의 순이다.

<표 3-8> 재한조선족 인구의 체류자격 분포, 2019년 4월

(단위: 명)

구분	체류외국인	거주외국인	등록외국인 · 거소신고자		단기체류자	
			합법체류	불법체류	합법체류	불법체류
전체	757,958	728,478	720,011	4,672	29,480	3,795
재외동포(F-4)	338,130	334,698	333,988	636	3,432	74
방문취업(H-2)	223,126	218,989	216,798	2,045	4,137	146
영주(F-5)	93,566	93,553	93,553	0	13	0
방문동거(F-1)	48,735	48,492	47,560	662	243	270
단기종합(C-3)	24,699	3,153	0	0	21,546	3,153
결혼이민(F-6)	17,013	17,008	16,837	154	5	17
거주(F-2)	10,247	10,247	9,934	312	0	1
유학(D-2)	913	901	875	25	12	1
비전문취업(E-9)	567	567	1	564	0	2
기타(G-1)	234	234	141	92	0	1
일반연수(D-4)	216	213	191	22	3	0
기술연수(D-3)	209	206	1	127	3	78
동반(F-3)	57	57	49	4	0	4
기업투자(D-8)	48	48	30	16	0	2
관광통과(B-2)	32	29	0	0	3	29
특정활동(E-7)	26	26	17	9	0	0
기타체류자격	140	57	36	4	83	17

자료: 법무부 출입국 · 외국인정책본부, '2019년 4월 체류외국인통계', 2019 원자료 분석.

표 3-9

<표 3-9> 재한조선족 인구의 거주지역 분포, 2018년 11월

구분	인원(명)					구성비율(%)				
	전체 (A+B+C)	성인 (A+B)	중국 국적(A)	한국 귀화(B)	미성년 자녀(C)	전체	성인	중국 국적	한국 귀화	미성년 자녀
전국	654,252	614,610	531,263	83,347	39,642	100.0	100.0	100.0	100.0	100.0
서울특별시	219,130	210,546	183,148	27,398	8,584	33.5	34.3	34.5	32.9	21.7
부산광역시	7,219	6,174	4,484	1,690	1,045	1.1	1.0	0.8	2.0	2.6
대구광역시	5,465	4,626	3,601	1,025	839	0.8	0.8	0.7	1.2	2.1
인천광역시	39,038	35,571	28,415	7,156	3,467	6.0	5.8	5.3	8.6	8.7
광주광역시	3,743	3,146	2,464	682	597	0.6	0.5	0.5	0.8	1.5
대전광역시	3,502	3,033	2,359	674	469	0.5	0.5	0.4	0.8	1.2
울산광역시	11,323	10,578	9,457	1,121	745	1.7	1.7	1.8	1.3	1.9
세종특별자치시	1,541	1,409	1,210	199	132	0.2	0.2	0.2	0.2	0.3
경기도	275,799	261,244	229,502	31,742	14,555	42.2	42.5	43.2	38.1	36.7
강원도	4,134	3,220	2,223	997	914	0.6	0.5	0.4	1.2	2.3
충청북도	14,465	13,400	11,852	1,548	1,065	2.2	2.2	2.2	1.9	2.7
충청남도	27,993	26,311	23,661	2,650	1,682	4.3	4.3	4.5	3.2	4.2
전라북도	5,580	4,591	3,514	1,077	989	0.9	0.7	0.7	1.3	2.5
전라남도	5,887	4,756	3,619	1,137	1,131	0.9	0.8	0.7	1.4	2.9
경상북도	9,908	8,529	6,984	1,545	1,379	1.5	1.4	1.3	1.9	3.5
경상남도	15,453	13,890	11,882	2,008	1,563	2.4	2.3	2.2	2.4	3.9
제주특별자치도	4,072	3,586	2,888	698	486	0.6	0.6	0.5	0.8	1.2

자료: 행정안전부, 『2018 지방자치단체 외국인주민현황』, 2019. 저자 계산.

'재외동포'와 '방문취업' 및 '영주'의 상위 3개 체류자격 소지자 수는 654,822명으로, 전체의 86.4%에 달한다. 이러한 분포는 '거주 외국인'이나 '등록외국인·거소신고자'와 같은 부분집단에서도 동일 하다.[6]

---

6) 단기합법체류자 중 '단기종합'(C-3) 체류자격을 가진 사람이 21,546명에 달한다. 그 중 '동포방문'(C-3-8)은 '방문취업'(H-2) 체류자격을 받기 위한 중간단계라는 점에서 주목하여야 한다. 그러나 2019년 10월 재외동포기술교육제도의 폐지로 인해, 앞으로는 그 수가 크게 줄어들 것으로 예상된다.

<표 3-9>에서 재한조선족의 거주지역 분포를 보면, 경기도 275,799명
(42.2%), 서울특별시 219,130명(33.5%), 인천광역시 39,038명(6.0%),
충청남도 27,993명(4.3%), 경상남도 15,453명(2.4%), 충청북도 14,465
명(2.2%), 울산광역시 11,323명(1.7%), 경상북도 9,908명(1.5%), 부
산광역시 7,219명(1.1%), 전라남도 5,887명(0.9%), 전라북도 5,580
명(0.9%), 대구광역시 5,465명(0.8%), 강원도 4,134명(0.6%), 제주
특별자치도 4,072명(0.6%), 광주광역시 3,743명(0.6%), 대전광역시
3,502명(0.5%), 세종특별자치시 1,541명(0.2%)의 순이다.

경기·서울·인천의 수도권 3개 지역에 거주하는 사람이 533,967
명으로 전체의 81.7%에 달한다. 2019년 한국의 수도권 인구와 기타
지역 인구 비율이 50:50이라는 점을 고려하면, 재한조선족은 크게
치우쳐 분포함을 알 수 있다. 수도권은 한국사회에서 정치·경제·
교육·문화 중심지로 기능하면서, 자본과 기술 및 인력이 집중되어
있는 곳이므로, 자연스레 좋은 일자리, 문화시설 등 '삶의 기회'가 풍
부하기 때문이다. 비수도권 지역으로는 충남·경남·충북·울산의
네 지역 인구가 많다. 공업화가 상대적으로 많이 진행되어 상대적으
로 좋은 일자리가 많기 때문이다.

<표 3-10>은 재한조선족 인구의 연령 분포를 보여준다. 연령을 기
준으로 유소년인구(0-14세), 생산가능인구(15-64세), 고령인구(65세
이상)로 구분하면, 각각 35,080명(4.6%), 628,810명(83.0%), 94,068
명(12.4%)으로 파악된다. 생산가능인구 비율이 압도적으로 높고, 고
령인구와 유소년인구 비율은 상대적으로 낮다. 부분집단별 연령 분
포도 대동소이하다.

<표 3-10> 재한조선족 인구의 연령 분포, 2019년 4월

(단위: 명)

구분	체류 외국인	거주 외국인	등록외국인 · 거소신고자		단기체류자	
			합법체류	불법체류	합법체류	불법체류
전체	757,958	728,478	720,011	4,672	29,480	3,795
0-14세	35,080	33,365	32,835	139	1,715	391
15-64세	628,810	602,740	596,756	3,683	26,070	2,301
65세 이상	94,068	92,373	90,420	850	1,695	1,103
0-18세	37,953	35,822	35,160	164	2,131	498
0세	577	505	502	0	72	3
1세	4,023	3,755	3,728	5	268	22
2세	4,380	4,162	4,129	8	218	25
3세	4,952	4,687	4,647	6	265	34
4세	3,346	3,182	3,134	7	164	41
5세	3,139	2,968	2,910	9	171	49
6세	2,861	2,703	2,661	10	158	32
7세	2,797	2,677	2,634	11	120	32
8세	1,952	1,903	1,862	17	49	24
9세	1,638	1,590	1,558	10	48	22
10세	1,357	1,313	1,273	14	44	26
11세	1,298	1,259	1,226	14	39	19
12세	1,226	1,185	1,158	10	41	17
13세	826	794	760	10	32	24
14세	708	682	653	8	26	21
15세	735	688	663	8	47	17
16세	555	496	476	3	59	17
17세	699	590	552	6	109	32
18세	884	683	634	8	201	41
19세	1,381	1,075	1,022	10	306	43
20세	1,651	1,365	1,285	6	286	74
21세	1,938	1,645	1,590	6	293	49
22세	2,195	1,892	1,870	2	303	20
23세	2,762	2,436	2,417	3	326	16
24세	3,909	3,564	3,543	3	345	18
25세	5,011	4,586	4,561	3	425	22

구분	체류 외국인	거주 외국인	등록외국인·거소신고자		단기체류자	
			합법체류	불법체류	합법체류	불법체류
26세	6,204	5,813	5,784	6	391	23
27세	8,062	7,713	7,684	8	349	21
28세	10,236	9,890	9,843	17	346	30
29세	12,503	11,887	11,841	29	616	17
30세	14,094	13,563	13,504	39	531	20
31세	15,801	15,223	15,161	37	578	25
32세	17,372	16,724	16,641	55	648	28
33세	17,339	16,588	16,503	64	751	21
34세	15,732	15,077	14,992	61	655	24
35세	14,935	14,350	14,261	57	585	32
36세	14,302	13,747	13,662	64	555	21
37세	14,671	14,122	14,026	63	549	33
38세	12,197	11,696	11,596	71	501	29
39세	11,547	11,088	10,989	73	459	26
40세	13,107	12,573	12,450	83	534	40
41세	12,208	11,725	11,595	92	483	38
42세	10,830	10,362	10,250	73	468	39
43세	10,890	10,459	10,331	88	431	40
44세	10,788	10,354	10,194	109	434	51
45세	11,422	10,893	10,736	101	529	56
46세	14,200	13,597	13,399	112	603	86
47세	16,374	15,666	15,438	153	708	75
48세	18,025	17,289	17,038	168	736	83
49세	19,072	18,311	18,053	170	761	88
50세	18,211	17,474	17,263	142	737	69
51세	19,309	18,536	18,301	164	773	71
52세	15,846	15,204	15,015	123	642	66
53세	18,454	17,783	17,579	137	671	67
54세	21,345	20,601	20,366	139	744	96
55세	21,933	21,126	20,895	151	807	80
56세	26,661	25,814	25,557	178	847	79
57세	23,366	22,435	22,203	158	931	74

(단위: 명)

구분	체류 외국인	거주 외국인	등록외국인 · 거소신고자		단기체류자	
			합법체류	불법체류	합법체류	불법체류
58세	11,757	11,098	10,967	80	659	51
59세	20,128	18,760	18,557	117	1,368	86
60세	16,868	15,576	15,386	113	1,292	77
61세	19,121	18,875	18,692	115	246	68
62세	18,921	18,750	18,612	83	171	55
63세	16,992	16,837	16,738	65	155	34
64세	16,267	16,141	16,041	67	126	33
65세	14,971	14,841	14,735	66	130	40
66세	12,514	12,374	12,255	83	140	36
67세	10,787	10,658	10,561	70	129	27
68세	9,020	8,895	8,799	56	125	40
69세	7,728	7,584	7,490	55	144	39
70세	6,945	6,826	6,713	68	119	45
71세 이상	32,103	31,195	29,867	452	908	876

자료: 법무부 출입국 · 외국인정책본부, '2019년 4월 체류외국인통계', 2019 원자료 분석.

　한 가지 주목할 대상은 국내 '거주' 18세 이하 이주아동 · 청소년
이다. 거주자 수를 기준으로 볼 때, 총 인원은 35,822명인데, 그 중
합법체류자 35,160명(98.2%), 불법체류자 662명(1.8%)이다. '아동
의 권리에 관한 협약'(United Nations Convention on the Rights of
the Child: 아동권리협약)은 미성년 아동의 양육권과 교육권을 보장
하고 있다. 한국은 1991년 이 협약을 비준하였다. 대한민국헌법 제
31조와 교육기본법 제8조에 근거하여 대한민국의 모든 국민은 초등
학교 6년과 중학교 3년, 총 9년의 교육을 의무적으로 받아야 한다.
그들은 국적과 체류자격에 관계없이 '양육받을 권리'와 '교육받을
권리'를 누려야 한다는 점에서 각별히 살필 필요가 있다.

제4장

한국정부의 조선족 이주관리정책,
1987-2020년

한국의 재외동포 수는 2019년 기준 749만3천 명으로(외교부, 2019), 한인은 중국인과 유대인·이탈리아인 다음가는 세계 4위의 디아스포라(diaspora) 민족으로 간주된다. 한국의 재외동포는 한반도 주변 다섯 지역에 집중되어 있다. 외교부의『재외동포현황 2019』에 따르면, 거주국별 재외동포 수는 미국 254만7천 명, 중국 246만1천 명, 일본 82만5천 명, 구소련 49만3천 명, 캐나다 24만2천 명의 순이다 (표 2-1 참조).[1] 그중 한국보다 경제발전 수준이 낮은 중국과 구소련 지역에 거주하던 외국국적동포가 한국에 일하러 오고 있다. 그들은 한민족의 혈통을 가진 외국국적자다. 한국정부는 외국인력 수입 논의가 있을 때마다 '한국계 외국인', 즉 외국국적동포를 우선적으로 배려할 것을 천명하였다. 국내 기업도 재외동포를 받아들이게 되면, 언어와 문화의 차이에서 비롯되는 비효율을 어느 정도 피할 수 있을 것으로 기대하였다.

그렇지만, 동시에 정부는 중국 '조선족'과 구소련 '고려인'이 외국인이라는 점을 고려하지 않을 수 없었다.[2] 정부는 그들이 '외국인'이라는 인식의 바탕 위에서, 다시 말해 해당국 정부와 마찰을 유발하지 않는 범위 내에서, 외국국적동포를 받아들였다. 또한, 정부는 그들이 엄연히 외국인이므로 취업을 목적으로 입국하고자 하는 경우에는 국내 노동시장 상황을 고려하여 입국과 체류 및 취업을 통제

---

1) 구소련은 라트비아, 러시아, 리투아니아, 몰도바, 벨라루스, 아르메니아, 아제르바이잔, 에스토니아, 우즈베키스탄, 우크라이나, 조지아, 카자흐스탄, 키르기스스탄, 타지키스탄, 투르크메니스탄의 15개국이다. 이 수치에는 한국 국적자, 즉 재외국민이 포함되어 있다.

2) 조선족과 고려인 사이의 제도적 차별은 거의 없으므로, 이하에서는 조선족만 언급하기로 한다. 구소련 출신 고려인은 1992년부터는 한국에 들어오기 시작하였는데, 조선족과 거의 동등한 처우를 받고 있다. 2010년 제정·시행된 '고려인동포 합법적 체류자격 취득 및 정착 지원을 위한 특별법'이 있기는 하지만, 정부는 두 집단 사이의 차별을 두지 않으려 노력해왔다.

하였다.3) 한국정부가 조선족을 대하는 태도는 '동포'에서 '외국인' 으로, '친척방문자'에서 '불법체류자를 양산하는 나라 출신 외국인' 으로 변하였다. 그렇지만 한국정부는 조선족이 국내에서 불법체류자 로 생활하게 되는 상황을 바꾸기 위한 제도를 도입하였고, 국내 기 업의 노동력 부족을 해소하고, 조선족의 국내 체류와 취업 기회를 보장하면서, 국내 노동시장을 보호하려는 제도를 도입하였다. 즉, 정 부는 조선족에 대하여, 한편으로는 배제하고, 다른 한편으로는 포용 하려는 정책을 지속적으로 추진해왔다.

Ⅰ. '여행증명서'에서 '단기체류자격'으로, 1987-1991년

1948년 대한민국, 1949년 중화인민공화국(中华人民共和国) 정부 수 립 이후 1992년 8월 24일 한·중 수교 때까지 양국 간 공식 외교 관 계는 없었다. 그렇지만 1973년 '6·23 평화통일외교정책선언' 이후, 정부는 6·23선언 원칙에 따라 소련·중국 등 사회주의권 나라들과 민간 접촉 확대를 허용하였다. 1974년 9월 1일 정부는 소련·중국· 동독 등 사회주의권 국가들과 우편물 교환 업무를 개시하였다. 중국 의 지린(吉林)·랴오닝(辽宁)·헤이룽장(黑龙江), 소련의 사할린·우즈 베키스탄·카자흐스탄 등 공산권 거주 동포와 국내 연고자 등 이산 가족(離散家族)은 대한적십자사를 통해 생사를 확인하고 서신을 교환

---

3) 유입국 정부는 자국인의 취업기회 잠식을 방지하기 위해 외국인노동자 취업 허용 직종· 업종·규모 등을 제한하여야 할 필요성을 강하게 인식하고 있다(설동훈, 2005: 71).

하였다. 우편물 교류가 시작된 후 1975년 10월까지 한국과 이 나라들 사이에 오간 우편물 수는 총 1만1천2백여 통에 달했다. 우편물 교환에 이어, 사회주의권 동포의 한국 방문과 송환을 위한 노력이 이루어졌다. 1975년 정부는 중국에 친족을 두고 있는 국내 연고자로부터 중국 거주 동포의 '귀국 진정서'를 접수하였다. 1975년 10가족, 1976년 14가족, 1977년 4가족이 귀국을 희망하였다. 중국과의 미수교로 인하여 그들의 귀국은 쉽지 않았지만, 1978년 4명, 1979년 9명, 1980년 5명이 귀국하였다(대한적십자사, 2005: 35-36).

한국방송공사(KBS)가 1983년 6월 30일부터 11월 14일까지 '이산가족찾기특별생방송'을 진행하였고, 그것을 계기로 'KBS 사회교육방송'을[4] 통해 국내외 연고자를 찾는 서신 교환도 활발히 이루어졌다. 즉, 대한적십자사 또는 한국방송공사를 통하여 조선족과 국내 연고자 간의 교류는 지속적으로 이루어졌다. 그렇지만, 그것은 이산가족 간 교류에 국한된 것이었다. 1949년 중화인민공화국 수립 이후 거의 40년간 한·중 양국 간 공식 교류가 단절되어 있었으므로, 재중조선족에게 한국은 '알 수도 없고 갈 수도 없는 나라'였다.

1986년 서울아시아경기대회에 중국 국가대표팀이 참여하였고, 그것을 계기로 한국사회의 발전상이 재중조선족 사회에 널리 알려졌다. 재중조선족이 단기방문을 위해 한국 땅에 발을 들여놓은 것은 1987년부터다.[5] 재중조선족이 방송 또는 편지로 한국에 있는 친척과 연락을 하여, 친척의 '초청장'을 우편으로 받아서, 재홍콩대한민국총영사관에 그것을 제출하면, '대한민국정부가 발급한 여행증명

---

4) 라디오 채널 'KBS 사회교육방송'은 1972년 방송을 시작하였는데, 2007년 8월 15일 'KBS 한민족방송'으로 명칭이 변경되었다.

5) 1978-1980년 재중조선족 18명이 한국에 온 것은 영구귀국이었다.

서'를 받을 수 있었다. 이처럼 조선족은 홍콩을 경유하여 한국에 입국하였다.

<표 4-1> 한국정부의 중국조선족 이주관리정책, 1987-1991년

연도	월·일	내용
1987년	1·1	외국국적자임에도 불구하고 이산가족으로 인정하여 '여행증명서' 발급. 한국방송공사 또는 대한적십자사를 통한 이산가족 상봉
1988년	7·7	7·7선언 이후 중국국적을 가진 외국인으로 처우하여 '사증' 발급 의무화
1991년	11·1	해외투자기업 외국인 산업기술연수제 시행

자료: 설동훈(1999: 144).

'여행증명서'는 정규여권을 발급받을 시간적 여유가 없고 긴급히 여행해야 할 필요가 있는 경우 예외적으로 발급하는 '여권에 갈음하는 증명서'인데,[6] 당시 '여권법시행령' 제16조는 발급대상자를 ① 출국하는 무국적자, ② 국외에 체류 또는 거주중인 자로서 여권의 발급을 기다릴 시간적 여유가 없어 긴급히 귀국 또는 제3국에 여행할 필요가 있는 자, ③ 국외에 거주중인 자로서 일시귀국한 후 여권의 분실 또는 유효기간 만료등의 사유로 여권의 발급을 기다릴 시간적 여유가 없이 거주지국으로 출국하여야 할 필요가 있는 자, ④ 국제입양자, ⑤ 피난민, ⑥ 기타 외무부장관이 특히 필요하다고 인정하는 자로 규정하였다.[7] 다시 말해, '여행증명서'는 대한민국 국민, 무국적자, 또는 특정 외국인(국제입양자, 피난민 등)에게 발급하는

---

6) 1987년에 적용되었던 '여권법'(법률 제3605호, 1982·12·31 개정, 1983·1·1 시행) 제10조 제1항의 내용은 다음과 같다. "제10조 (여권을 대신하는 증명서) ① 외무부장관은 특히 필요하다고 인정하는 자에 대하여 여권에 갈음하는 증명서(이하 '여행증명서'라 한다)를 발급할 수 있다."

7) '여권법시행령'(대통령령 제12249호, 1987·9·12 개정·시행).

것이다.

한국정부는 재중조선족을 '해외이산가족' 또는 '한민족'으로 간주하여, 미수교국 중국의 '여권'이 아니라 '대한민국정부가 발급한 여행증명서'를 갖고 입국하게 하였다.[8] 한국정부는 재중조선족의 '중국 국적'보다는 '동포'라는 점을 중시한 것이다. 요컨대, 한국정부는 조선족이 '동포'라는 점을 고려하여 입국·체류에 여러 가지 특혜를 제공하였다.

조선족 이주관리정책은 1988년 7월 7일 노태우 대통령이 발표한 '민족 자존과 통일 번영을 위한 대통령 특별선언'(이하 7·7선언)을 통해 제도화되면서 규제의 성격이 강화되었다. 7·7선언은 ① 남북동포의 상호교류 및 해외동포의 남북 자유왕래 개방, ② 이산가족 생사 확인 적극 추진, ③ 남북교역 문호개방, ④ 비군사 물자에 대한 우방국의 북한 무역 용인, ⑤ 남북 간의 대결외교 종결, ⑥ 북한의 대미·일 관계 개선 협조 등 6개 항으로 구성되어 있다. 정부는 7·7선언 이후 한국 외교부에 북방외교추진협의회를 설치하여 국내 친족이 있는 재중조선족의 자유로운 입국을 허용하였다.

외교부에서 직접 '북방미수교사회주의국가 국민초청허가 신청서'를 접수하여 재홍콩대한민국총영사관에서 사증을 발급하였다. 즉, 정부는 '여행증명서' 제도를 1년만에 폐지하고, 재중조선족에게도 다른 외국인과 마찬가지로 '중국 국적의 외국인'으로서 '사증'을 발급받도록 하였다.

이처럼 규제가 강화되었으나, 1988년 서울올림픽 이후 한국을 방

---

8) 한국정부는 외무부를 주관부처로 선정하여 '특정국가 국민 방문 업무'의 하나로 재중조선족의 한국 방문을 유치하였다. '해외이산가족'의 모국 방문을 통한 이산가족 상봉 정책의 일환이었다(대한적십자사, 2005: 9).

문하는 재중조선족의 수는 오히려 증가하였다. 1988년 서울올림픽은 재중조선족 사회에 큰 충격을 주었다. 그들은 공중파 방송을 통해 한국이 북한보다 못사는 나라가 아니라 훨씬 잘 사는 나라라는 것을 알게 되었다. 더구나, 1989년 냉전체제가 붕괴한 데 이어, 노태우 정부는 '북방정책'을 강력히 추진하였고, 그에 따라 재중조선족의 한국 방문 기회는 더욱 확대되었다.

1990년 9월에는 인천-웨이하이(威海)간 정기여객 항로가 개통되면서 조선족의 유입이 급증하였다. 이 때 조선족은 한국인에게 '이국 땅에서 고생해온 독립운동가들의 후손'으로 받아들여졌다.

그리고 1991년에는 한국선주협회가 원양어선 인력난을 해결하기 위하여 국적선(國籍船)에 재중조선족을 승선시키기 시작하였다. 그러나 1991년 11월 1일 정부는 '해외투자기업 외국인 산업기술연수제'를 시행하였는데, 재중조선족은 그 제도의 혜택을 받기 어려웠다. 재중조선족의 밀집 거주지역인 중국 둥베이3성에 진출한 한국계 기업이 많지 않았기 때문이다.

1980년대 후반부터 조선족이 한국을 방문하면서 대량의 중국산 녹용·우황청심환·편자환 등 한약재(韓藥材)를 갖고 들어와 일부는 친척에게 선물하고, 나머지는 국내 약재상에 팔아, 여비를 제외하고도 상당한 이익을 남겨 귀국길에 오르는 일이 흔했다(박완서, 2001 참조). 그러면서 '한약재 보따리 장사'는 일확천금의 기회로 인식되어 그 규모가 점점 커져갔다.[9] 조선족은 한국에서 돈을 벌어 귀국함

---

9) 조선족의 1인당 평균 휴대품 반입량은 일반여행자의 3배인 60여kg으로, 재중조선족 사회에서는 '중국산 한약재를 한국에 가서 팔면 여행경비를 빼고도 중국의 1년 농사소득의 4배나 되는 2천여 달러를 벌 수 있다'는 소문이 퍼져 있었다(연합뉴스, "중국산 한약재 국내 반입 전면 금지," 1990·10·19).

으로써 중국 내 선부계급(先富阶级)으로의 사회적 상승이동을 꿈꾸기 시작하였다.

1990년 10월초 보건사회부에서 "시중에 나도는 일부 한약재가 가짜로 인체에 해로운 중금속이 포함돼 있다"는 발표를 하였고, 그에 따라 판로를 잃은 조선족이 서울은 물론이고 전국 주요 도시의 사람이 붐비는 곳에서 좌판(坐板)을 차려놓고 한약재를 판매하기 시작하였다. 한국인은 중국이 한약의 본방(本邦)이라는 데서 비롯된 약효(藥效)에 대한 기대감과 고국 방문 조선족 동포에 대한 예우 차원에서 중국산 한약재를 구매하였다. 그러면서 조선족 '한약재 노점상' 수는 계속 늘었다(설동훈, 1992: 302-304).[10] '한약재 노점상'이 크게 늘어나 경쟁이 치열해지면서 큰돈을 벌기는 어려워지자, 공장·건설현장·음식점 등에 노동자로 취업하는 사람도 생겨났다. 그러면서 재한조선족의 이미지는 '이산가족', '독립운동가의 후손'에서 '한약재 노점상', '불법체류 외국인노동자'로 바뀌기 시작했다.

요컨대, 1987-1991년 한국정부의 중국조선족 이주관리정책의 기조는 '무조건적 포용'에서 '사증을 통한 관리'로 바뀌었다. 한국정부는 중국조선족이 '동포'라는 점을 고려하여 입국·체류에 여러 가지 특혜를 제공하였고, '친척 방문'을 목적으로 한국에 오는 사람이 급증하였다. 그러면서 정해진 체류기간 내에 귀국하지 않고 불법체류자 또는 서류미비자(undocumented foreigners)로 잔류하는 사람의 수도 증가하였다.

---

10) 서울시는 조선족 한약재 판매상의 조기 귀국을 돕기 위해 대한적십자사를 통해 1990년 12월 10-15일 한약재를 선별하여 매입하고, 그 후에는 노상 한약재 판매를 강력히 단속한다고 발표하였다(연합뉴스, "중국교포 한약재 적십자사서 선별매입," 1990·11·30). 그러나 강력 단속은 이루어지지 못했고, 정부에서 한약재를 대량 구입하는 식의 응급대책도 한계에 봉착했다.

II. 이주관리 강화-완화-강화의 반복, 1992-1999년

재한조선족의 대부분이 서류미비자로 머무르는 경향이 증대하면서, 정부는 저개발국 출신 여느 외국인과 마찬가지로 이주관리를 강화하였다. 1992년 한국정부는 중국조선족에 대한 인식을 '친척방문자'에서 '불법체류 우려 외국인'으로 전환하고 정책을 마련하였다.

한국정부는 1992년 6월 1일 중국조선족에 대한 사증 발급 업무의 주관부처를 외무부에서 법무부로 이관하였고, '사증발급승인서'까지 첨부할 것을 요구하여 중국조선족의 자유로운 왕래를 봉쇄하는 방침을 세웠다.11) '사증발급승인서'란 친척이나 고객의 초청을 원하는 한국인이나 한국기업이 한국정부(법무부)로부터 교부받도록 한 것이다. 정부는 다른 나라 재외동포의 경우 장기체류자격에만 적용되는 '사증발급승인서'를, 중국조선족에게는 단기체류자격에도 적용하여 철저한 통제 의지를 과시하였다. 이때부터 추가된 '사증발급승인서'는 중국조선족의 방문 사증 발급 대상을 만 60세 이상 5촌 이내 혈족, 4촌 이내 인척으로 명시하였으므로, 59세 이하 조선족의 한국 방문은 거의 불가능하게 만들었다.

---

11) 1992년 8월 한·중 수교를 대비한 중국조선족 출입국관리 정책 정비의 한 방편으로 해석할 수도 있다. 그 근거는 당시 '출입국관리법 시행규칙' 제10조(사증발급의 승인)에서 찾을 수 있다. "재외공관의 장은 다음 각 호의 1에 해당하는 자에 대하여 사증을 발급하고자 하는 때에는 제8조의 규정에 불구하고 법무부장관의 승인을 얻어야 하며, 그 승인에 관한 절차는 제9조제2항 내지 제6항의 규정에 의한다. 1. 국민에 대하여 사증발급을 억제하고 있는 국가의 국민. 2. 미수복지역을 여행한 사실이 있거나 여행할 수 있는 사증을 가지고 있는 자. 다만, 우리나라와 수교하고 있는 국가의 외교관 및 국제기구의 직원으로서 공무를 수행하기 위하여 입국하는 경우를 제외한다. 3. 국가보안법 제2조(반국단체)의 규정에 의한 반국가단체 또는 공산계열의 노선에 따라 활동하는 단체에 소속하고 있는 자. 4. 법무부장관이 그 사증발급에 관하여 개별적으로 승인을 얻어야만 사증발급을 받을 수 있도록 한 사증발급 규제자."

<표 4-2> 한국정부의 중국조선족 이주관리정책, 1992-1999년

연도	월·일	내용
1992년	6·1	친·인척 초청 시 '사증발급승인서' 추가 ※ '불법체류 우려 외국인' 대책
	6·1	친·인척 초청 범위 설정: 60세 이상 5촌 이내 혈족, 4촌 이내 인척
	8·24	한·중 수교
	9·1	상공부장관 추천 외국인 산업기술연수제 시행
1993년	12·28	중소기업협동조합중앙회 등 업종단체추천 외국인 산업기술연수제 시행
1994년	7·1	친·인척 초청 시 '사증발급인정서' 폐지
	7·1	친·인척 초청 범위 확대: 55세 이상 6촌 이내 혈족, 4촌 이내 인척
1995년	3·1	친·인척 초청 시 '사증발급인정서' 재도입
1997년	4·28	'재외동포재단법' 제정(3·27), 시행(4·28). 재외동포재단 설립
1998년	6·14	국적법 개정(1997·12·13), 시행(1998·6·14). 부모양계혈통주의, 국제결혼 이민자 국내 2년 체류 후 '간이귀화' 신청 허가제 도입
1999년	7·1	'중국조선족 사기피해자'에게 외국인 산업기술연수생 쿼터 할당 및 도입. 1999년 7월부터 2001년 4월까지 1,000명 입국
1999년	12·3	'재외동포의 출입국과 법적 지위에 관한 법률' 제정(9·2), 시행(12·3): 과거국적주의로 중국조선족·구소련고려인 배제
	12·3	친·인척 초청 범위 확대: 50세 이상 8촌 이내 혈족, 4촌 이내 인척

자료: 설동훈(1999: 144); 그 후는 저자 작성.

정부는 1992년 9월 상공부장관 추천 외국인 산업기술연수제를 실시한 데 이어, 제도를 수정하여 1993년 11월 중소기업협동조합중앙회 등 업종단체추천 외국인 산업기술연수제를 실시하였다(설동훈, 1999: 425, 434). 정부는 '외국인 산업기술연수제'를 저숙련 외국인력제도의 하나로 간주하여, 중국조선족을 여느 외국인과 동등하게 처우하였다. 즉, 조선족 특별 쿼터는 주어지지 않았다.

그렇지만 '상공부장관 추천 산업기술연수생'과 '중소기업협동조합중앙회 추천 산업기술연수생' 중에서 조선족이 차지하는 비율은 매우 높았다. 기업이 조선족을 선호하였기 때문인데, 그 원인은 그들이 단순히 동포라는 점 때문이 아니라, '한국어를 할 수 있다'는 그들의 인적 자본에 있었다. 그들의 인적 자본이 다른 외국인 산업기술연수생보다 높은 수준임에도 불구하고, 한국기업이 그들에게 좀 더 높은 임금을 준 것은 아니었다. 산업기술연수생의 낮은 임금수준에 불만을 품은 중국조선족 노동자는 대부분 지정된 연수업체를 이탈하였다. 재한조선족 산업기술연수생의 사업체 이탈로 연수업체의 생산 차질과 사후 관리의 책임 소재 문제 등이 제기됨에 따라, 국내 업체의 중국조선족 산업기술연수생에 대한 선호도가 급격히 하락하였다. 그러면서 산업기술연수생 중 조선족의 구성비율은 지속적으로 감소하였다(설동훈, 1999: 145-148).

한국정부는 1994년 7월 1일부터 조선족 방문 규제를 일시적으로 완화하는 정책을 펴기도 하였다. 친척 방문과 같은 단기체류자격의 경우, 사증 발급 대상 연령을 만 55세 이상 6촌 이내 혈족, 4촌 이내 인척으로 확대하고, '사증발급인정서'[12] 없이도 베이징(北京) 주중대한민국대사관의 자체 심의만으로 사증을 발급받을 수 있도록 하였다. 이러한 조치는 '조선족만 그토록 엄격히 사증 발급을 통제할 필요가 있느냐'는 인식이 고려된 것으로 이해된다.

한편, 1990년 10월 보건사회부의 '중국산 일부 한약재 중금속 오

---

12) 1992년 12월 8일 '출입국관리법' 개정으로 '사증발급인정서'가 신설되었는데, 그것은 1993년 4월 1일부터 시행되었다. "제9조 (사증발급인정서) ① 법무부장관은 제7조제1항의 규정에 의한 사증을 발급함에 앞서 특히 필요하다고 인정할 때에는 초청인의 신청에 의하여 사증발급인정서를 발급할 수 있다. ② 제1항의 규정에 의한 사증발급인정서의 발급대상·발급기준 및 절차는 법무부령으로 정한다." 1993년 4월 1일 개정된 '출입국관리법시행규칙' 제17조와 제18조는 사증발급인정서의 발급절차 등과 효력을 규정하고 있다. "제17조 (사증발급인정서의 발급절차 등) ① 법 제9조제2항의 규정에 의한 사증발급인정서의 발급대상은 미수교국가 및 특정국가의 국민 기타 산업기술연수 등을 목적으로 하는 자 중 법무부장관이 사증발급인정서의 발급이 필요하다고 인정하는 자로 한다. [이하 생략]"

염' 발표 이후 급증한 조선족 '한약재 노점상' 수는 1991-1993년 급증하였으나, 1994년 급격히 줄어들었다. 그 까닭은 한국인 사이에서 '중국산 한약재에 문제가 많다'는 인식이 널리 퍼졌기 때문이다. '리식(利息) 돈'(빚)을 내서 한약재를 중국에서 대량 구매해 온 조선족 '한약재 노점상'은 이때 완전히 망하였고, 건설노동자·음식점종업원·가사도우미 등으로 취업하여 새로운 활로를 찾았다. 즉, 1994년에 재한조선족 '자영상인' 집단이 몰락하고 '노동자'로 바뀌었다. 이렇게 취업한 조선족 노동자는 거의 대부분이 '서류미비자'였다.

조선족 서류미비자 수가 증가하자, 한국정부의 재중조선족 사증발급 정책은 1995년 3월부터 환원·재강화되었다. 법무부는 그 후부터 친척방문자는 단기체류자격의 경우에도 '사증발급인정서'를 요구하고 있다. 한국 방문을 원하는 재중조선족은 한국의 친척이 보내준 '초청장'과 법무부장관이 발급한 '사증발급인정서'를 제출하여, 현지 주재 한국 공관에서 30일간 체류가 허용되는 단기체류 사증을 받고 입국하는데, 정당한 사유가 있을 경우 90일까지 체류 연장이 가능하였다.

1996년에는 '중국조선족의 사기 피해'가 사회문제로 대두되었다(설동훈, 1998a; 서경석, 1998). 정부가 조선족의 한국 입국 규제를 강화하자, 중국 옌볜(延边) 지역을 중심으로 브로커들이 한국 입국이 가능한 것처럼 허위 약속을 하고 돈을 갈취한 사건이 대거 발생하였다. 사기피해 유형은 노무수출사기를 비롯하여, 방문초청사기, 위장혼인사기, 밀항사기, 한국여권위조 등 매우 다양하였다. 해외취업사기 유형은 1995년 2월까지는 주로 친척방문초청 사기가 주류를 이루었다면, 조선족에 대한 친척방문초청에 대한 규제가 강화된 1995

년 3월 이후에는 산업기술연수생 관련 사기가 대부분이었다. 1992년 한・중 수교 이후 1997년까지 우리민족서로돕기운동에서 조사한 사기피해자 수는 18,000명에 이르고 피해금액은 3억 위안(한화 450억 원)에 달하는 것으로 나타났다(김석중, 2001; 呉泰成, 2019: 7-10). 개인당 피해 금액은 100만원에서 1000만원까지 분포했다. 그들의 정신적 피해도 막대했다. 재중조선족 사기 피해자와 그 가족은 홧병, 이혼, 가족해체, 자살 등 사회문제에 시달렸다.

　외국인 산업기술연수제의 허점을 이용해 많은 한국인이 중국조선족을 상대로 사기행각을 벌여 사회문제가 지속되자, '중국조선족 사기피해자 협회'와 국내 시민단체에서는 '중국조선족의 사기 피해'의 해결 방안으로 외국인 산업연수생 중 일정 부분을 '중국조선족 사기피해자'에게 할당해줄 것을 요구하였고, 마침내 일정 부분을 배당받았다. 한국정부는 1998년 중국정부와 사기피해 조선족 1,000명을 산업기술연수제를 통해 국내에 취업시키기로 합의하였고(이규용, 2000; 오세택, 2001), 조선족 사기피해자들은 1999년 7월부터 2001년 10월까지 산업연수생으로 국내에 입국하였다(김석중, 2001). 즉, 1999년 7월 외국인 산업연수제에 '조선족 사기피해자 특례 쿼터 제도'가 만들어진 것이다.

　한편, 1996년 8월 3일에는 남태평양에서 조업중이던 파나마 국적의 참치잡이 원양어선 페스카마15호(Pescamar No.15)에서 조선족 선원 6명이 한국인 선장 등 선원 11명을 살해한 사건이 발생하였다. 이는 한국인에게 조선족의 이미지를 극단적으로 악화시키는 계기가 되었다.

　국회는 1997년 12월 13일 국적법을 개정하여 '부계혈통주의'를

'부모양계혈통주의'로 변경하였다.[13] 개정 국적법은 그 이듬해인 1998년 6월 14일 시행되었다. 그러면서 그 전까지는 외국인여성이 한국인남성과 결혼한 경우 즉시 대한민국국적을 부여하던 제도를 폐기하고, 한국인의 외국인배우자는 남녀 불문하고 결혼 후 국내에 2년 체류한 다음 '간이귀화' 신청을 할 수 있도록 제도를 바꾸었다. 이는 한국국적을 취득한 후 본국에서 가족·친척을 초청하려는 재한조선족에게는 큰 타격이 되었다.

다른 한편, 국회는 1999년 9월 2일 '재외동포의 출입국과 법적지위에 관한 법률'(재외동포법)을 제정하였는데, 동 법은 12월 3일 시행되었다. 재외동포법이 시행된 1999년 12월 3일, 정부는 조선족 친·인척 초청 범위를 '50세 이상 8촌 이내 혈족, 4촌 이내 인척'으로 확대하였다. 초청 대상 혈족의 범위를 6촌에서 8촌으로 확대하였고, 연령을 55세 이상에서 50세로 낮춘 것이다. 친척 방문자는 적극적으로 수용하되, '불법체류 우려 외국인'은 적극적으로 차단하려한 것으로 해석할 수 있다.

1992-1999년 한국정부의 중국조선족 이주관리정책 기조는 '규제 강화-완화-강화의 반복'으로 요약할 수 있다. 재한조선족 '서류미비 이주노동자'를 배제하려는 정책과 더불어, 동포를 포용하려는 정책도 추진되었다. 달리 말해, 한국정부는 조선족을 완벽하게 포용하지도 않고, 또 철저히 배제하지도 않는 정책을 시행하였다.

---

13) "우리 정부가 1984년에 유엔의 '여성에 대한 모든 형태의 차별 철폐에 관한 협약'에 가입할 당시 유보한 바 있는 국적취득에 있어서의 남녀평등 조항에 대한 유보를 철회하여 국제조류에 따를 필요성이 있기 때문에 현행법중 각종 남녀 차별적 요소를 남녀평등의 원칙에 부합되는 방향으로 정비함[⋯⋯]"

Ⅲ. 취업관리제에서 방문취업제로, 2000-2007년

1999년 제정된 재외동포법은 김대중 대통령의 선거 공약의 연장
선상에 있다. 김대중 대통령은 자신의 미국 체류기간에 도움을 받았
던 재미동포사회의 요구 사항을 반영하여 '이중국적의 허용과 재외
동포청의 신설'을 선거 공약으로 내걸었다.[14] 그러나 1997년 말 밀
어닥친 외환위기 와중에 있었던 한국이 그것을 받아들이기에는 예
산 등의 문제에 부딪혔고, 그래서 이중국적 대신에 외국국적동포가
국내에 체류할 경우 국민에 준하는 처우를 해주는 것을 보장하는 재
외동포법을 제정하는 한편, 재외동포청 대신에 재외동포재단을[15]
내실 있게 운영하는 것으로 결정하였다(Lim and Seol, 2018). 국회
는 재외동포법 제정 이유를 다음과 같이 밝히고 있다.

> 지구촌시대 세계경제체제에 부응하여 재외동포에게 모국의 국경문
> 턱을 낮춤으로써 재외동포의 생활권을 광역화·국제화함과 동시에
> 우리 국민의 의식형태와 활동영역의 국제화·세계화를 촉진하고,
> 재외동포의 모국에의 출입국 및 체류에 대한 제한과 부동산취득·
> 금융·외국환거래 등에 있어서의 각종 제약을 완화함으로써 모국투
> 자를 촉진하고 경제회생 동참 분위기를 확산시키며,
> 재외동포가 요구하는 이중국적을 허용할 경우 나타날 수 있는 병
> 역, 납세, 외교관계에서의 문제점과 국민적 일체감 저해 등의 부작
> 용을 제거하면서 이중국적 허용요구에 담긴 애로사항을 선별 수용

---

14) 1998년 6월 미국을 방문한 김대중 대통령은 재미동포가 요구한 교민청 설치와 이중국
   적문제 해결을 다짐하였고, 귀국 후 법무부에 이중국적 수용 법률안 마련을 지시하였다.
   법무부는 1998년 8월 26일 '재외동포의 출입국과 법적지위에 관한 특별법' 초안을 마련
   하였다(노영돈, 1999: 60).

15) 국회는 1997년 3월 27일 '재외동포재단법'을 제정하였는데, 동법은 1997년 4월 28일
   시행되었다. 재외동포재단은 1997년 10월 설립되었다.

함으로써 모국에 대한 불만을 해소하고,

영주할 목적으로 해외에 이주한 동포 중 상당수가 모국과의 관계가 단절된다는 고립감과 모국에서의 경제활동 제약, 연금지급정지 등을 걱정하여 거주국의 국적취득을 꺼리고 거주국에 제대로 정착하지 못하고 있는 점을 감안하여 재외동포가 거주국의 국적을 취득·정착하여도 모국과의 관계가 단절되지 아니하도록 하는 등 거주국 정착을 유도하려는 것임.[16)]

　재외동포법의 입법은 출입국관리 업무의 주관부처인 법무부가 주도하였다. 이 법률에 대해 외교통상부는 중국과 러시아 정부와의 외교 마찰을 우려했다.[17)] 중국정부는 "이 법의 제정이 중국내 조선족 사회와 양국관계에 미칠 부정적 영향을 우려하면서 한국정부의 신중한 자세를 촉구한다"고 밝혔다(고승일, 1998; Lim and Seol, 2018). 노동부는 조선족이 재외동포로 인정되어 국내로 무한정 유입될 경우 국내 노동시장에 큰 혼란이 벌어질 것을 우려하였다. 결국, 법무부-외교통상부-노동부로 이어지는 관계부처는 혈통주의와 국적주의를 혼합한 '과거국적주의'라는 기막힌 절충안을 내놓았다. 그것은 재외동포법 제2조로 구현되었다.

　제2조 (정의) 이 법에서 "재외동포"라 함은 다음 각 호의 1에 해당하는 자를 말한다.
　1. 대한민국의 국민으로서 외국의 영주권을 취득한 자 또는 영주할 목적으로 외국에 거주하고 있는 자(이하 "재외국민"이라 한다).

---

16) 법제처, 국가법령정보센터. http://www.law.go.kr/lsInfoP.do?lsiSeq=57496#0000.

17) 1998년 12월 24일 국회에 제출된 '재외동포의 정의 규정'이 수정된 과정을 살펴보면, 대중 외교에 부정적인 요인으로 작용할 것을 부담스러워한 외교통상부가 '과거국적주의가 국제관행'이라는 논리를 내세워 강하게 주장하였고, 법무부가 이를 받아들였으며, 국회에서 법률로 통과시켰다(노영돈, 1999: 4-11).

2. 대한민국의 국적을 보유하였던 자 또는 그 직계비속으로서 외국 국적을 취득한 자중 대통령령이 정하는 자(이하 "외국국적동포"라 한다).

재외동포법 제2조는 대한민국 정부가 수립된 1948년 이후에 출국 한 사람만을 외국국적동포로 정함으로써 그 이전에 강제로, 또는 부 득이하게 고국을 떠나 외국에 정착한 동포들, 즉 중국조선족과 사할 린 동포를 포함한 구소련고려인, 재일 조선적(朝鮮籍) 동포 등을 '재 외동포'의 범위에서 제외하였다.

부자나라로 이주한 동포와 가난한 나라로 이주한 동포를 차별하 는 결과를 낳았기 때문에, 재외동포법은 시행초기부터 재외동포사회 와 국내외 시민단체의 강한 반발에 부딪쳤다(吳泰成, 2019: 10-12). 중국과 구소련 등 재외동포사회에서는 재외동포법이 자신을 배제하 고 있다는 점을 들어 '제외동포법'이라고 자조 섞인 평가를 하기도 했다. 이에 재한조선족 조○섭 외 2인은 1999년 헌법재판소에 재외 동포법의 헌법소원심판을 청구하였다.[18]

2001년 11월 29일 헌법재판소는 "1. 재외동포의출입국과법적지 위에관한법률(1999. 9. 2. 법률 제6015호로 제정된 것) 제2조 제2호, 재외동포의출입국과법적지위에관한법률시행령(1999. 11. 27. 대통령 령 제16602호로 제정된 것) 제3조는 헌법에 합치하지 아니한다. 2. 이들 조항은 2003. 12. 31.을 시한으로 입법자가 개정할 때까지 계

---

18) "청구인들은 현재 중화인민공화국(이하 '중국'이라 한다)에 거주하고 있는 중국국적의 재외동포들인 바, 위 법률 제2조 제2호가 청구인들과 같이 1948년 대한민국 정부수립 이 전에 해외로 이주한 자 및 그 직계비속을 재외동포의 범주에서 제외함에 따라, 자신들이 위 법률에서 규정하는 혜택을 받지 못하게 되어 인간으로서의 존엄과 가치 및 행복추구 권(헌법 제10조), 평등권(헌법 제11조) 등을 침해당하였다고 주장하면서, 1999. 8. 23. 위 법률 제2조 제2호에 대한 위헌확인을 구하는 이 사건 헌법소원심판을 청구하였다."

속 적용된다."라고 헌법불합치 판결을 내렸다(그림 4-1 참조). 헌법 재판소는 그 사유를 다음과 같이 설명하였다.

> 정부수립이후이주동포와 정부수립이전이주동포는 이미 대한민국을 떠나 그들이 거주하고 있는 외국의 국적을 취득한 우리의 동포라는 점에서 같고, 국외로 이주한 시기가 대한민국 정부수립 이전인가 이후인가는 결정적인 기준이 될 수 없는데도, 정부수립이후이주동포(주로 재미동포, 그 중에서도 시민권을 취득한 재미동포 1세)의 요망사항은 재외동포법에 의하여 거의 완전히 해결된 반면, 정부수립이전이주동포(주로 중국동포 및 구 소련동포)는 재외동포법의 적용대상에서 제외됨으로써 그들이 절실히 필요로 하는 출입국기회와 대한민국 내에서의 취업기회를 차단당하였고, 사회경제적 또는 안보적 이유로 거론하는 우려도, 당초 재외동포법의 적용범위에 정부수립이전이주동포도 포함시키려 하였다가 제외시킨 입법과정에 비추어 보면 엄밀한 검증을 거친 것이라고 볼 수 없으며, 또한 재외동포법상 외국국적동포에 대한 정의규정에는 일응 중립적인 과거국적주의를 표방하고, 시행령으로 일제 강점기 독립운동을 위하여 또는 일제의 강제징용이나 수탈을 피하기 위해 조국을 떠날 수밖에 없었던 중국동포나 구 소련동포가 대부분인 대한민국 정부수립 이전에 이주한 자들에게 외국국적 취득 이전에 대한민국의 국적을 명시적으로 확인받은 사실을 입증하도록 요구함으로써 이들을 재외동포법의 수혜대상에서 제외한 것은 정당성을 인정받기 어렵다.

학자들은 재외동포법의 문제점과 개선 방향을 제시하였다. 노영돈(1999, 2002)은 재외동포법 제정 과정의 문제와 재중·재소·재일한인을 부당하게 배제하고 있음을 지적하였고, 이종훈(2001)은 재외동포법 제정 과정에서의 문제를 정책당국의 인식, 정책추진체계, 재외동포법 자체로 구분하여 살펴보았으며, 설동훈(2002a)은 재한조선족 노동자가 재외동포법 적용 범위 밖에 있는 현실을 지적하였고, 이진영(2002)은 재외동포법에 민족적 특수성을 가미할 필요가 있다고 주장하였다.

국회는 2004년 3월 5일 재외동포법 제2조 제2호 중 "대한민국의 국적을 보유하였던 자"를 "대한민국의 국적을 보유하였던 자(대한민국정부 수립 이전에 국외로 이주한 동포를 포함한다)"로 개정하여,[19] 대한민국 정부 수립 이전에 외국으로 이주한 동포까지 모두 적용대상에 포함하도록 하였다. 이로써 중국조선족과 구소련고려인 동포도 '재외동포(F-4) 체류자격'을 발급받을 수 있게 되었다.

그러나 정부는 '재외동포법' 제5조 제2항 제3호,[20] '출입국관리법 시행령' 제23조(외국인의 취업과 체류자격) 제3항,[21] 그리고 '출입국관리법 시행규칙' 제76조 제1항 제1호 별표 5 '사증발급 신청 등 첨부서류' 중 재외동포(F-4) 체류자격의 첨부서류[22] 규정을 통해 실

---

19) 국회는 법률 개정 이유를 "대한민국정부 수립 이전에 국외로 이주한 동포를 재외동포의 적용대상에서 제외한 규정이 헌법상 평등원칙에 위배된다는 이유로 헌법불합치결정(憲法不合致決定)을 받음에 따라, 이 법에 의한 재외동포중 외국국적동포의 범위를 대한민국정부 수립 이전에 국외로 이주한 동포를 포함시키려는 것임."이라고 밝혔다.

20) "제5조(재외동포체류자격의 부여) ① 법무부장관은 대한민국 안에서 활동하려는 외국국적동포에게 신청에 의하여 재외동포체류자격을 부여할 수 있다. ② 법무부장관은 외국국적동포에게 다음 각 호의 어느 하나에 해당하는 사유가 있으면 제1항에 따른 재외동포체류자격을 부여하지 아니한다. 다만, 제1호나 제2호에 해당하는 외국국적동포가 38세가 된 때에는 그러하지 아니하다. [……] 3. 대한민국의 안전보장, 질서유지, 공공복리, 외교관계 등 대한민국의 이익을 해칠 우려가 있는 경우."

21) "③ 별표 1 중 28의2. 재외동포(F-4) 체류자격을 가지고 있는 사람은 제1항에도 불구하고 다음 각 호의 어느 하나에 해당하는 경우를 제외하고는 별표 1의 체류자격 구분에 따른 활동의 제한을 받지 아니한다. 다만, 허용되는 취업활동이라도 국내 법령에 따라 일정한 자격이 필요할 때에는 그 자격을 갖추어야 한다. 1. 단순노무행위를 하는 경우. 2. 선량한 풍속이나 그 밖의 사회질서에 반하는 행위를 하는 경우. 3. 그 밖에 공공의 이익이나 국내 취업질서 등을 유지하기 위하여 그 취업을 제한할 필요가 있다고 인정되는 경우."

22) "연간납세증명서, 소득증명서류 등 체류기간 중 단순노무행위 등 영 제23조제3항 각 호에서 규정한 취업활동에 종사하지 아니할 것임을 소명하는 서류(법무부장관이 고시하는

재외동포의출입국과법적지위에관한법률
제2조 제2호 위헌확인

(2001. 11. 29. 99헌마494 전원재판부)

【판시사항】
가. 법률규정과 밀접불가분한 시행령규정까지
심판대상의 확장이 인정된 사례
나. 공포 전 법률에 대한 헌법소원의 적법
여부(적극)
다. 수혜적 법률도 기본권 침해성이 인정될 수 있는지
여부(적극)
라. 외국인의 기본권 주체성이 인정되는지
여부(적극)
마. 재외동포법의 적용대상에서
정부수립이전이주동포, 즉 대부분의 중국동포와 구
소련동포 등을 제외한 것이 평등원칙에 위배되는 것인지
여부(적극)
바. 헌법불합치를 선언하고 잠정적용을 명한 사례
사. 정의규정에 대한 위헌성의 확인이 관련규정에
대한 위헌성의 확인을 수반하는 사례

【결정요지】
가. 청구인들은 재외동포법 제2조 제2호만을
심판대상으로 적시하였으나, 재외동포법시행령 제3조는
재외동포법 제2조의 규정을 구체화하는 것으로서
양자가 일체를 이루어 동일한 법률관계를 규율대상으로
하고 있고, 시행령규정은 모법규정을 떠나 존재할 수
없으므로 이 사건의 심판대상을 동 시행령규정에까지
확장함이 상당하고, 정부수립이전이주동포를
적용대상에서 결정적으로 제외하는 재외동포법시행령
제3조 제2호가 포함되어야 함은 물론이고, 청구인들은
재외동포법이 외국국적동포들에게 혜택을 부여하는
입법을 하였음에도 자신들에게 혜택을 부여하지 아니한
부진정입법부작위를 평등원칙에 근거하여 다투는
것임에 비추어, 재외동포법시행령 제3조 제1호도
포함하여야 한다.
나. 법률안이 거부권 행사에 의하여 최종적으로
폐기되었다면 모르되, 그렇지 아니하고 공포되었다면
법률안은 그 동일성을 유지하여 법률로 확정되는
것이라고 보아야 하므로 이에 대한 헌법소원은
적법하다.
다. '수혜적 법률'의 경우에는 수혜범위에서 제외된
자가 그 법률에 의하여 평등권이 침해되었

다고 주장하는 당사자에 해당되고, 당해 법률에 대한
위헌 또는 헌법불합치 결정에 따라 수혜집단과의
관계에서 평등권침해 상태가 회복될 가능성이 있다면
기본권 침해성이 인정된다.
라. '외국인'은 '국민'과 유사한 지위에 있으므로
원칙적으로 기본권 주체성이 인정된다.
마. 재외동포법은 외국국적동포등에게 광범한 혜택을
부여하고 있는바, 이 사건 심판대상규정은 대한민국
정부수립 이전에 국외로 이주한 동포와 그 이후 국외로
이주한 동포를 구분하여 후자에게는 위와 같은 혜택을
부여하고 있고, 전자는 그 적용대상에서 제외하고 있다.
그런데, 정부수립이후이주동포와
정부수립이전이주동포는 이미 대한민국을 떠나 그들이
거주하고 있는 외국의 국적을 취득한 우리의 동포라는
점에서 같고, 국외로 이주한 시기가 대한민국 정부수립
이전인가 이후인가는 결정적인 기준이 될 수 없는데도,
정부수립이후이주동포(주로 재미동포, 그 중에서도
시민권을 취득한 재미동포 1세)의 요망사항은
재외동포법에 의하여 거의 완전히 해결된 반면,
정부수립이전이주동포(주로 중국동포 및 구 소련동포)는
재외동포법의 적용대상에서 제외됨으로써 그들이
절실히 필요로 하는 출입국기회와 대한민국 내에서의
취업기회를 차단당하였고, 사회경제적 또는 안보적
이유로 거론하는 우려도, 당초 재외동포법의 적용범위에
정부수립이전이주동포도 포함시켜 하였다가 제외시킨
입법과정에 비추어 보면 엄밀한 검증을 거친 것이라고
볼 수 없으며, 또한 재외동포법상 외국국적동포에 대한
정의규정에는 일응 중립적인 과거국적주의를 표방하고,
시행령으로 일제시대 독립운동을 위하여 또는 일제의
강제징용이나 수탈을 피하기 위해 조국을 떠날 수밖에
없었던 중국동포나 구 소련동포가 대부분인 대한민국
정부수립 이전에 이주한 자들에게 외국국적 취득
이전에 대한민국의 국적을 명시적으로 확인받은 사실을
입증하도록 요구함으로써 이들을 재외동포법의
수혜대상에서 제외한 것은 정당성을 인정받기 어렵다.
요컨대, 이 사건 심판대상규정이 청구인들과 같은
정부수립이전이주동포를 재외동포법의 적용대상에서
제외한 것은 합리적 이유없이 정부수립이전이주동포를
차별하는 자의적인 입법이어서 헌법 제11조의
평등원칙에 위배된다.

[그림 4-1] 헌법재판소의 재외동포법 헌법불합치 결정문(2001.11.29. 99헌마494)

질적으로 그들에게 재외동포 체류자격을 발급하지 않는 정책을 계속 유지해오고 있다. 그들의 대다수가 "불법체류가 많이 발생하는 국가의 외국국적동포"로서 "단순노무행위를 하는 경우"에 해당될

불법체류가 많이 발생하는 국가의 외국국적동포에 한함)."

<표 4-3> 한국정부의 중국조선족 이주관리정책, 2000-2007년

연도	월·일	내용
2000년	1·1	연수취업제(연수2년+취업1년) 시행 ※ 1998년 입국자 대상
2001년	11·29	'재외동포의 출입국과 법적 지위에 관한 법률' 헌법불합치 판결
2002년	3·12	'불법체류 방지 종합대책': 불법체류자 자진신고기간(3·25-5·25) 설정, 1년간 출국 유예, 출국 후 재입국 시 취업 기회 제공
	7·1	친·인척 초청 범위 확대: 45세 이상 8촌 이내 혈족, 4촌 이내 인척
	12·10	외국국적동포 서비스분야 취업관리제 시행: '국내 친족·호적이 있는 동포' 대상. '방문동거'(F-1-4)체류자격으로 입국한 동포가 3개월 내 국내에서 노동부 고용안정센터를 통해 고용계약을 체결하면 최대 2년간 취업 가능. 한·중 수교 이후 대한민국 국적을 취득한 재한조선족의 중국 내 친·인척 초청 불허
	12·10	친·인척 초청 범위 확대: 40세 이상 8촌 이내 혈족, 4촌 이내 인척
2003년	5·10	친·인척 초청 범위 확대: 30세 이상 8촌 이내 혈족, 4촌 이내 인척. 국적취득자의 취업관리제 적용 친·인척 초청(국적취득 후 2년 경과 시)
2004년	3·5	'재외동포의 출입국과 법적 지위에 관한 법률' 개정·시행: 중국조선족·구소련고려인 포함, 3세까지 포함
	7·1	외국국적동포 취업관리제 확대: 건설업(도급금액 300억 원 미만 건설공사) 추가
	7·1	친·인척 초청 범위 확대: 25세 이상 8촌 이내 혈족, 4촌 이내 인척
	8·17	외국인 고용허가제 시행: '외국국적동포 취업관리제'가 '특례고용허가제'로 편입. 입국 후 구직 신청 전 '취업교육' 의무화
2005년	3·21	제1차 불법체류 동포 귀국지원 프로그램(3·21-8·31): 불법체류자가 자진 출국할 경우 '출국확인서' 발급, 출국 후 재외공관에서 '출국확인서' 소지자에 대해서 별다른 서류 제출 없이 취업관리(F-1-4) 사증 발급
	3·21	한·중수교 전 입국한 불법체류 조선족 중 국내에 5촌 이내 친척이 있는 경우 대한민국 국적 부여
2006년	4·1	제2차 불법체류 동포 귀국지원 프로그램(4·1-12·31): 밀입국자, 여권 위·변조자 등도 자진출국 후 재입국 시 취업관리(F-1-4) 사증 발급
	7·1	외국국적동포 취업관리제 확대: 제조업, 농축산업, 연근해어업 추가 ※ '외국인근로자의 고용 등에 관한 법률' 개정(2015·12·30), 시행(2016·7·1)
2007년	1·1	외국인력제 고용허가제로 일원화: 산업연수제·연수취업제 폐지
	3·4	외국국적동포 방문취업제 시행: '국내 친척·호적이 있는 동포'(쿼터 무제한)와 '국내 무연고 동포'(쿼터 제한)에게 32개 업종 취업 허용. 한국산업인력공단에서 실시하는 취업교육을 받고, 출입국관리사무소에 취업신고와 고용지원센터에 근로개시신고를 마쳐야만 취업 가능. '무연고동포' 선발을 위해 '실무한국어능력시험제도'와 '전산추첨제도' 도입. ※ 외국국적동포 취업관리제 폐지

수밖에 없는 상황이기 때문이다. 즉, 한국 정부는 '재외동포법'에 근거를 두고 외국국적동포에게 재외동포(F-4) 체류자격을 부여하면서, '재미동포 등 선진국 동포들'과 '중국조선족과 구소련고려인 동포'를 달리 처우해 왔다. 조선족과 고려인 동포의 경우 국내에서 저숙련 직종에 종사하여 불법체류 가능성이 높다는 점을 들어 재외동포(F-4) 체류자격을 거의 부여하지 않았다(Seol and Skrentny, 2009).

한편, '재외동포'(F-4) 체류자격 발급 대상에서 조선족을 배제하면서도, 외국인력제도와 친·인척초청제도를 통해 조선족을 배려하는 방식은 지속되었다. 외국인력제도로 2000년에는 '외국인 연수취업제'가 시행되었다. 연수취업제는 2년간의 연수(D-3)를 거친 후 연수취업(E-8)으로 체류자격을 변경하는 방식으로 설계되었다. 1998년에 입국한 외국인 산업연수생에게 이 제도가 처음 적용되었으므로, 외국인 '연수취업자'는 2년 후에야 생겨났다. 1999-2000년 '조선족 사기피해자 특례 쿼터제도'를 통해 들어온 조선족도 이 제도의 적용을 받게 되었다. 친·인척초청제도에서는 조선족 친·인척 초청 범위가 확대되었다. 법무부는 2002년 7월 1일 초청 대상자를 '45세 이상 8촌 이내 혈족, 4촌 이내 인척'으로 확대하였다.

정부는 2002년 12월 10일 서비스분야에 외국국적동포를 대상으로 국내 취업활동을 허용하는 '외국국적동포 취업관리제'를 시행하였다(그림 4-2 참조). 취업관리제는 외국인력제도와 친·인척초청제도를 결합한 것이다. 친·인척초청제도를 통해 입국한 연고동포가 국내에서 취업하고 있는 현실을 반영하여 제도화한 것으로 해석할 수 있다. 취업관리제의 일반대상자는 '40세 이상인 외국국적동포로서 국내에 8촌 이내의 혈족 또는 4촌 이내의 인척이 있는 자, 또는 대한민국 호적에 등재되어 있는 자 및 그의 직계존비속'으로, 특별 대상자는 '40세 이상인 외국국적동포로서 독립유공자의 직계혈족, 외국동포사회의 건전한 발전에 크게 기여하였다고 인정되는 자, 산업연수생으로 입국하여 이탈하지 않고 귀국한 자, 법무부장관이 특별히 인정한 자'로 규정하였다.[23]

외국국적동포에게 '취업관리'(F-1-4) 체류자격을 부여하여 국내 입국을 허용하고, 노동부 고용안정센터의 취업알선을 통해 숙박 및 음식점업, 사업지원서비스업, 사회복지사업, 청소관련 서비스업, 개인 간병인 및 유사서비스업, 가사 서비스업의 6개 업종에서 고용주와 근로계약을 체결한 외국국적동포에게 법무부 출입국관리국에서 '체류자격외 활동'을 허가하여 취업이 가능하도록 하였다. 취업허용 기간은 1년으로 하되, 1년 연장이 가능하도록 하여 최장 2년 간 취업할 수 있게 되었으며, 이 제도를 통해 국내에서 취업하는 외국국적동포에게는 국내 근로자와 동일하게 노동관계법령을 적용하였다.

2003년 5월 10일, 정부는 '외국국적동포 취업관리제'를 통해 초청할 수 있는 국외 친·인척의 범위를 '30세 이상'으로 대폭 확대하고, 국적취득자도 국적취득 후 2년이 경과하면 친·인척을 초청할 수 있도록 하였다. 국민을 '출생시부터 대한민국 국민이었던 사람'과 '국적취득자'로 구분하는 것이 문제라는 지적을 수용한 것이었다. 또한, 국민 한 가족당 연간 2명 이내에서 친·인척 초청을 허용하고, 입국 후 불법체류하지 않고 귀국하는 경우 대체 인원 초청도 허용하였다.

---

23) '외국국적동포 취업관리제' 시행과 더불어, 정부는 조선족 친척 초청 범위를 '40세 이상 8촌 이내 혈족, 4촌 이내 인척'으로 확대하였다. 그러나 정부는 '초청장을 발급할 수 있는 국민'에서 '한·중 수교 이후 한국국적 취득자'를 제외하였다. 즉, 재한조선족 대한민국 국적취득자는 중국에 거주하는 친·인척을 초청할 수 없게 되었다.

```
┌─────────────────────────────┐
│ 서비스分野 就業管理制 施行方案 │
└─────────────────────────────┘




            '02. 11




        法 務 部 · 勞 動 部
```

[그림 4-2] 정부의 외국국적동포 취업관리제 설명 자료 표지

  2004년 7월 1일, 정부는 '외국국적동포 취업관리제'를 통해 초청
할 수 있는 국외 친·인척의 범위를 '25세 이상'으로 더욱 확대하는
한편, 취업 허용 업종에 건설업(도급금액 300억 원 미만 건설공사)
을 추가하였으며, 구직신청 시 건강진단서 제출의무를 폐지하는 등

구직·구인 절차를 간소화하였다.

정부는 2004년 8월 17일 '외국인근로자의 고용 등에 관한 법률'을 통해 '외국인 고용허가제'를 시행하면서, '외국국적동포 취업관리제'는 '특례고용허가제'라는 별칭을 갖게 되었다. 즉, '외국국적동포 취업관리제'는 '외국인 고용허가제'에 편입되었다. 그러면서 외국국적동포가 '취업관리'(F-1-4) 체류자격으로 국내에 입국한 후 구직신청 전에 소정기간의 '취업교육'을 이수해야만 취업이 가능하도록 제도를 변경하였다(설동훈·이해춘, 2005 참조). 또한, 정부는 2006년 7월 1일 '외국국적동포 취업관리제' 적용 업종을 기존 서비스업·건설업에 제조업·농축산업·연근해어업을 추가하여 확대하였다. '외국국적동포 취업관리제' 개선으로, 한국에 친척이 있는 연고동포는 입국이 매우 용이해졌지만, 무연고동포의 입국 문호는 여전히 좁았다. 재중조선족 중 한국에 친척이 있는 사람은 전체의 30% 정도에 불과하였으므로, 중국에서 한국에 오기를 원하는 조선족의 이주 욕구를 해소하는 데는 한계가 뚜렷하였다.

정부는 2005-2006년 두 차례에 걸쳐 '불법체류 동포귀국지원 프로그램'을 운용하였다. 외국국적동포 불법체류자가 자진 귀국할 경우 법무부는 '출국확인서'를 발급하여 주고, 출신국 재외공관에서는 '출국확인서' 소지자에 대해서 별다른 서류 제출 없이 취업관리(F-1-4) 사증을 발급하도록 하였다. 2005년 3월 21일-8월 31일 불법체류 조선족 5만8천 명이 자진 귀국하였고, 2006년 4월 1일-12월 31일에 불법체류 조선족 2만6천 명이 자발적으로 귀국하였다. 정부는 '외국국적동포 취업관리제'를 이용하여 조선족 불법체류자를 합법체류자로 대체하려 하였고, 큰 성과를 거두었다(표 3-2, 그림 3-4, 그림 3-5 참조).

2007년 1월 1일 노무현 정부는 산업연수제·연수취업제를 완전히 폐지하고, 저숙련 외국인력제도를 고용허가제로 일원화하였다. 그리고 3월 4일 '외국국적동포 취업관리제'를 확대하여 '외국국적동포 방문취업제'를 시행하였다(그림 4-3 참조). '외국국적동포 방문취업제'는 '특례고용허가제'의 형태로, '외국국적동포 취업관리제'를 대체하여 '외국인 고용허가제'에 편입되었다. 방문취업제는 재외동포법의 적용에서 상대적으로 소외받아 온 중국 및 구소련동포 등에 대한 차별 해소 및 포용정책의 일환으로 도입된 것으로, 그들에 대한 입국문호 및 취업기회 확대 등으로 한민족 유대감 제고 및 고국과 동포사회의 호혜적 발전의 계기를 마련하는 것을 목표로 표방하였다.

방문취업제는 만 25세 이상의 중국 및 구소련지역 등에 거주하는 동포에 대해 5년 유효, 1회 최장 3년 체류할 수 있는 복수사증을 발급하고, 국내 호적이나 친인척이 없는 무연고동포들에 대해서도 입국문호를 확대하였다. 무연고동포에 대해서는 '외국인력정책위원회'에서 결정한 연간 허용인원 범위 내에서 선발하도록 하였다.[24] 즉, 외국인력정책위원회에서 방문취업자격 동포의 연간 입국규모를 정할 때, 친척초청 등에 의한 '연고동포'의 입국은 근본적으로 모국 방문의 성격으로 보고 외국인력 도입규모 대상에 포함하지 않고, 방문취업제 시행으로 새로 한국 입국이 가능해진 '무연고동포'에 대해서만 연간 입국 규모를 정하였다.

---

[24] '연고동포'와 '무연고동포' 등 대상별 사증발급 절차를 다르게 적용하는데, 국내 친족 등이 있는 '연고동포'와 '유학생 부모' 등에 대해서는 국민 등의 초청을 받으면 입국이 가능하도록 하였다. '무연고동포'에 대해서는 중국 현지에서 한국어능력시험을 치르도록 하고 일단 일정한 커트라인 점수에 합격한 동포들에 대해서는 국내 노동시장 상황 등을 고려하여 매년 외국인력정책위원회에서 정하는 연간 쿼터의 범위 내에서 쿼터제로 추첨을 통해 입국하도록 했다.

[그림 4-3] 정부의 외국국적동포 방문취업제 설명 자료 표지

　방문취업(H-2) 사증으로 입국한 동포들은 한국산업인력공단에서
취업교육을 이수하고 구직신청 후, 고용지원센터의 취업알선을 받거
나 특례고용가능확인서를 발급받은 사업체에 자율적으로 취업할 수
있으며, 신고만으로 사업체 변경이 가능하도록 하였다. 취업 가능 업
종은 출입국관리법 시행령에서 정한 단순노무분야 허용 업종으로 정

하였는데, 유흥업 등을 제외한 거의 전 산업을 대상으로 하였다.[25]

외국국적동포 방문취업제는 재중조선족 사회로부터 매우 긍정적인 평가를 받았다. 선진국 동포에 비해 입국과 국내에서의 법적 지위 보장 등의 측면에서 많은 차별을 받던 동포가 그토록 갈망하던 자유로운 모국 방문과 안정적인 한국체류가 가능하게 되었기 때문이다. 그때까지는 한국 입국이 근본적으로 불가능하던 한국에 친척 등의 연고가 없는 동포들에게까지 한국 입국의 길이 열리게 된 것도 큰 호응을 받았다. 방문취업제는 동포들에게 5년간 자유로운 출입국과 취업을 보장함에 따라, 국내와 동포사회 간 출입의 선순환 시스템 기반을 구축하고 불법체류 요인을 제거한 것으로 평가할 수 있다.

그러나 이러한 호평에도 불구하고 모든 문제가 해결된 것은 아니었다. 재한조선족이 경험해왔던 노동권 부재, 임금체불, 계약불이행, 작업장에서의 차별 등의 문제는 지속되었고, 그들은 개인적으로 그 문제를 해결할 수밖에 없었다(김현미, 2009: 36).

요컨대, 1999-2004년에는 재외동포법 제정·헌법불합치·개정 과정을 거치며 조선족이 '재외동포'의 정의에서 배제되는 문제를 시정하려 하였다. 2004년 이후 조선족은 형식적으로 '재외동포'에 포함되었지만, 실질적으로 '재외동포'에서 배제되는 현실은 달라지지 않았다. 그렇지만 외국인력제도와 친·인척초청제도를 결합한 '외국국적동포 취업관리제'가 2002년 시행되었고, 그것은 2004년에는 특례고용허가제 속에 편입되었다. 2005-2006년 정부는 '외국국적동포 취업관리제'를 이용하여 조선족 불법체류자를 합법체류자로 전환하려

---

25) 농업, 어업, 제조업, 건설업, 도매·소매업, 숙박·음식업, 운수업, 사업지원서비스업, 사회복지사업, 하수 등 청소관련서비스업, 수리업, 기타 서비스업, 가사서비스업 등 32개 업종.

는 정책을 시행하였다. 그리고 2007년에는 외국인 고용허가제로 저숙련 외국인력제도를 일원화하는 한편, '외국국적동포 취업관리제'를 대폭 확대하여 '외국국적동포 방문취업제'를 시행하여 조선족에게 취업 문호를 대폭 개방하였다. 2002-2007년에는 정부가 '재외동포법에서 배제된 조선족'(이른바 "제외동포")에게 실질적으로 도움이 되는 제도를 고안한 것으로 이해할 수 있다.

Ⅳ. 재외동포(F-4), 영주(F-5) 체류자격 접근 확대, 2008-2020년

노무현 정부 마지막 해인 2008년 1월 2일, 거주국에 따른 동포 간 차별 해소를 위해, 법무부는 조선족과 고려인도 재외동포(F-4) 체류자격 취득이 가능하도록 정책을 바꾸었다. '불법체류 다발국가'로 지정된 국가 동포인 경우 상공인・전문직종사자・고학력자 등 단순 노무직종 취업 우려가 없는 사람에게 재외동포 체류자격을 부여할 수 있도록 하였다. 비록 그 대상자 수가 많지 않았지만, 획기적 정책 전환으로 평가한다.

1. 이명박 정부, 2008-2012년

방문취업제 시행 이후 조선족의 국내 입국과 취업이 크게 늘었고, 그에 따라 외국 인력에 의한 내국인의 일자리 대체 우려가 증가하였다(설동훈・이해춘, 2005 참조). 2008년 2월 집권한 이명박 정부는

'국내 노동시장을 보완하면서 산업현장의 인력수요에 적합하게 외국인력을 활용'하는 방향으로 정책 기조를 바꾸었다. 그러면서 '외국국적동포 방문취업제'는 동포 포용정책의 성격이 약화되었고, 국내 시장 수요에 따라 그 도입 규모를 연동하는 외국 인력제도의 성격이 부각되었다. 2008년 10월 국제금융위기에 따른 국내 경기 침체의 대응 방안으로, 정부는 방문취업 사증 발급자 수를 줄이기 위하여 국민 1인당 초청 가능한 외국국적동포 친인척 인원을 1인당 3명으로 제한하였다. 그러면서도, 내국인 노동자와 일자리 경합이 없는 지방중소제조업·농축산업·어업 분야에서 근무처 변경 없이 2년 이상 계속 취업한 방문취업(H-2) 자격 소지 동포에게 2명 이내 친·인척 초청 기회를 부여하는 정책을 도입하였다.

<표 4-4> 한국정부의 중국조선족 이주관리정책, 2008-2012년

연도	월·일	내용
2008년	1·3	재외동포(F-4) 체류자격 부여 요건 확대: 조선족도 재외동포 체류자격 취득 가능. '불법체류 다발국가'로 지정된 국가 동인인 경우 '중국내에서 사업할 여건을 갖춘 사람', 고학력자 등 전문직에 종사하는 자에 한해 재외동포 체류자격 발급
	10·15	국제금융위기에 따라 국민1인당 방문취업제 친척 초청 인원 3인 이내로 축소, 유학생 부모 초청 범위 1인으로 축소, 60세 이상 고령자 입국 특례 폐지
	10·15	지방중소제조업·농축산업·어업 분야에서 근무처 변경 없이 2년 이상 계속 취업한 방문취업(H-2) 자격 소지 동포에게 2명 이내 친·인척 초청 기회 부여
2009년	3·30	방문취업제에 '연간 방문취업 사증발급총량제' 적용. '연고동포' 방문취업자 수를 외국인력 쿼터에 포함하여, '연고동포'와 '무연고동포' 총 규모를 정함.
	5·1	건설업종 동포 취업등록제 시행: 건설업종에 취업한 동포의 내국인 일자리 대체 문제가 제기됨에 따라 건설업에 취업할 수 있는 동포의 수를 제한

연도	월·일	내용
	12·10	재외동포에 대한 영주 체류자격 요건 완화: 방문취업(H-2) 4년, 재외농포(F-4) 2년, 결혼이민자 2년, 전문직종사자(D-7부터 E-7) 5년 이상 계속 체류 요건. 지방제조업·농축산업·어업에서 취업하고 있는 방문취업 자격 소지자로, 동일업체에서 근무처를 변경하지 않고 4년 이상 계속 근무한 자 등
	12·29	재외동포(F-4) 체류자격 부여 요건 확대: '불법체류 다발국가'로 지정된 국가 동포 중 초중등학교 교원, 4년제 대학교 졸업자 등에게 재외동포 체류자격 발급
2010년	3·31	'외국인력정책위원회'에서 방문취업자 총 체류인원을 30만3천 명으로 결정
	4·26	특정산업분야 방문취업(H-2) 종사자에게 재외동포(F-4) 사증 변경 허가: 지방중소제조업·농축산업·어업·간병인·가사보조인으로 1년 이상 동일 직장 근속자 등
	7·12	재외동포기술교육제 시행: 방문취업제 무연고동포로 한국어시험에 합격하였으나 1년 이상 추첨에서 탈락한 사람 대상. 외국국적동포가 기술교육을 목적으로 하는 단기종합(C-3) 사증을 발급받아 한국에 입국하여, 동포교육지원단에서 지정한 교육기관에서 기술교육을 받으며 기술연수(D-4) 체류자격으로 1년간 체류 가능. 그 후에는 방문취업(H-2) 사증으로 변경하여 취업 가능
2011년	2·1	건설업종 동포 취업등록제 개선: '건설업 취업 인정증명서'를 '건설업 취업인정증(카드)'으로 변경
	8·1	방문취업(H-2)에서 재외동포(F-4) 사증 변경 허가제: 방문취업 자격자로서 농축산업·어업(양식업포함)·지방소재제조업의 동일사업장에서 2년 이상 근속한 자
	12·1	특별한국어시험 재취업제도: 체류기간 만료일 전에 자진 출국한 자만 응시 가능, 일반 한국어시험에서 적용되는 연령제한(40세 미만) 등 응시자격을 갖추어야 함
2012년	1·1	재외동포기술교육제 개편: 동포방문(C-3-8)체류자격으로 구체화, 기술교육 신청자 연령 25-41세로 규정, 기술교육 기간 6주로 단축, 기술연수(D-4) 체류자격 부여 폐지
	4·16	재외동포(F-4) 체류자격 부여 요건 확대: '불법체류 다발국가'로 지정된 국가 동포 중 국가기술자격증(기능사 이상) 소지자에게 재외동포 체류자격 발급
	4·16	재외동포(F-4), 방문취업(H-2) 자격자의 19세 미만 미성년 자녀에 대해서 방문동거(F-1) 사증 발급 허용
	7·2	성실근로자 재입국 취업제도: 농축산업, 어업, 30인 이하(뿌리산업은 50인 이하) 제조업 등에서 사업장변경 없이 근무한 외국인근로자 대상, 출국 3개월 후에 재입국할 수 있으며, 한국어시험과 취업교육 면제
	8·1	단순노무종사자 등을 대상으로 해외범죄경력 및 건강상태 확인 강화

국제금융위기로 인한 경기침체에 대처하기 위하여, 2009년 3월 정부는 외국인력 신규 도입 규모를 산출하면서, 무연고동포뿐 아니라 연고동포까지 외국인력 쿼터에 포함하는 '방문취업 사증 발급 총량제'를 도입하는 한편, 그 규모를 크게 줄였다.

또한, 정부는 건설업에 취업할 수 있는 동포의 수를 제한하기 위하여 2009년 5월 1일부터 '건설업종 동포 취업등록제'를 시행하였다(그림 4-4 참조). 그것은 정부가 매년 건설업에 취업할 수 있는 방문취업(H-2) 체류자격 소지 동포의 적정 규모를 산정하고, 그 범위 내에서 '일반 취업교육'과 '건설업 취업교육'을 모두 이수한 동포에게 '건설업 취업인정증명서' 발급을 통해 관리하는 제도다. 2011년 2월 정부는 '건설업 취업 인정증명서'를 '건설업 취업인정증(카드)'으로 변경하였다.

법무부는 2009년 12월 '서울시를 제외한 지방 소재 제조업, 농축산업 또는 어업에서 취업하고 있는 방문취업(H-2) 자격 소지자로, 동일업체에서 근무처를 변경하지 않고 4년 이상 계속 근무한 자' 등에게 외국국적동포 영주(F-5) 체류자격 부여하는 제도를 도입하였다. 또한, 2009년 12월, 정부는 재외동포(F-4) 체류자격 발급 대상에 '불법체류 다발국가' 동포 중 초중등학교 교원, 4년제 대학교 졸업자 등을 추가로 포함하였다.[26]

정부는 2010년에 외국국적동포에 의한 일자리 침해를 방지하는 한편, 국내의 인력부족을 동포 인력으로 충당하기 위한 여러 가지 정책을 발표하였다. 2010년 3월 '외국인력정책위원회'에서는 '연고동포'와 '무연고동포'를 아우른 '방문취업자 체류인원 총량'을 30만

---

26) 2012년 4월, 정부는 '불법체류 다발국가'로 지정된 국가 동포 중 국가기술자격증(기능사 이상) 소지자에게도 재외동포 체류자격을 발급하기로 결정하였다.

3천 명으로 결정하였다.

[그림 4-4] 정부의 방문취업동포 건설업종 취업등록제 시행 안내문

법무부는 2010년 4월 제조업·농업 등 3D업종 분야로서 내국인들이 취업을 기피하여 만성적인 인력 부족을 겪고 있는 산업에 방문취업 체류자격자의 취업을 유도하는 인센티브 제도를 도입하였다. 방문취업자 중 제조업·농축산업·어업·간병인 또는 가사보조인으로 1년 이상 동일 직장에서 근속한 자,[27] 제조업·농축산업·어업 분야에서 6개월 이상 장기근속하고 국내에서 관련분야 기능사 자격증을 취득한 자 등 국민 기피업종에서의 장기 근속자 등을 재외동포(F-4) 자격으로 사증을 변경해주는 제도를 시행하였다. 2010년 중소제조업, 농축산업, 어업 분야 동일업체에서 장기 근속한 방문취업체류자격 외국국적동포에게 재외동포(F-4) 또는 영주(F-5) 체류자격을 부여하는 제도가 시행된 후, 그 두 체류자격을 취득한 재한조선족 수가 급증하였다(표 3-1 참조).

2010년 7월 법무부는 무연고동포 방문취업제 한국어시험 합격자가 1년 이상 전산추첨에서 탈락된 경우 '90일 체류 가능한 1년 유효 복수사증'인 단기종합(C-3) 체류자격을 부여하여 한국 방문 기회를 부여하는 '재외동포기술교육제'를 시행하였다. 방문취업을 장기간 준비한 자에게 국내 고용상황을 제대로 인식하도록 하는 한편, 한국의 선진 문화·기술습득 기회를 제공하는 것이 그 근본 취지다. 외국국적동포가 기술교육 목적의 단기종합(C-3) 사증을 발급받아 한국에 입국하여, 동포교육지원단에서 지정한 교육기관에서 6주간 기술교육을 받은 후 '기술연수'(D-4) 체류자격으로 1년간 체류할 수

---

27) 법무부는 2011년 8월 '방문취업 자격자'가 '재외동포'(F-4) 체류자격으로 변경할 수 있는 요건을 1년에서 2년으로 연장하여, 제도를 좀더 엄격히 운영하였다.

있도록 하였다. 그 후 그들은 방문취업(H-2) 사증으로 변경하여 취업할 수도 있다.

2012년 4월, 정부는 방문취업(H-2) 자격자의 미성년 자녀에 대해서 방문동거(F-1) 사증 발급을 허용하여, 자녀를 동반하여 취업할 수 있도록 하였다.

한편, 2012년 4월 1일 경기도 수원시 팔달구 지동에서 재한조선족 우위안춘(吳原春)이 휴대 전화 부품 공장에서 일하고 퇴근하는 한국인 여성 회사원을 집으로 납치하여 목 졸라 살해한 뒤 시신을 토막 낸 사건이 발생하였다. 우위안춘은 4월 2일 경찰에 체포되었다. 그의 잔혹한 범죄의 진상이 알려지면서, 한국인에게 중국조선족의 이미지는 매우 악화되었다.

이 사건을 계기로, 정부는 2012년 8월 1일부터 단순노무종사자 등을 대상으로 해외범죄경력 및 건강상태 확인을 강화하였다. 단순노무종사자는 우선 재외공관에 비자를 신청할 때 자필로 기재한 '건강상태 확인서'를 제출하여야하고, 국내 입국 후 외국인등록 시 법무부가 지정한 병원에서 발급한 건강진단서를 제출하도록 하였다. 그리고 범죄경력 확인 결과, 살인·강도 등 강력범죄 전과가 있거나 금고 이상의 형을 선고 받은 경우에는 사증을 발급하지 않는 장치를 마련하였다.

2. 박근혜 정부, 2013-2016년

박근혜 정부가 출범한 2013년 2월 24일, 법무부는 국적취득자의 방문취업 목적 친·인척 초청 시 기존 '국적 취득 후 2년 경과 시' 규정을 삭제하고, 기간 경과 없이 대한민국 국적을 취득한 날부터 방문취업 목적으로 친·인척 초청 허용하도록 제도를 바꾸었다. 9월 1일에는 재외동포(F-4) 체류자격 부여 요건에서 기존 '방문취업 체류자격을 부여받은 적이 있는 만 60세 이상 외국국적동포'를 '국민의 일자리 잠식 가능성이 없는 만 60세 이상 외국국적동포'로 바꾸어, 그 범위를 확대하였다.

<표 4-5> 한국정부의 중국조선족 이주관리정책, 2013-2016년

연도	월·일	내용
2013년	2·25	국적취득자의 방문취업 목적 친·인척 초청 시 '기간 경과 규정' 삭제: 기존 '국적 취득 후 2년 경과 시' 규정을 삭제하고, 기간 경과 없이 대한민국 국적을 취득한 날부터 방문취업 목적으로 친·인척 초청 허용
	9·1	재외동포(F-4) 체류자격 부여 요건 확대: '방문취업 체류자격을 부여받은 적이 있는 만 60세 이상 외국국적동포' → '국민의 일자리 잠식 가능성이 없는 만 60세 이상 외국국적동포' ※ 중국 등 거주 고령 동포 사증발급 특례 폐지
2014년	4·1	외국국적동포 대상 동포방문(C-3-8) 사증 범위 확대: 60세 미만 외국국적동포 대상 발급, 미성년자도 발급 가능, 동포방문 사증 신청 예약 전산시스템 가동
	4·24	헌법재판소 재외동포법 제5조 제4항 중 '재외동포체류자격의 취득요건' 합헌 판결: 방문취업 자격자의 재외동포체류자격 변경 불허 가능
	9·1	이민자 조기적응프로그램: 방문취업(H-2) 자격으로 '신규입국'하여 외국인등록을 하려는 사람에게 기초 법·제도, 사회적응 정보 등 제공
2015년	1·1	재외동포기술교육제 개편: 기술교육 신청자 연령 25-49세로 확대
	4·13	재외동포(F-4)와 방문취업(H-2) 체류자격자의 자녀뿐 아니라 배우자에게도 방문동거(F-1-11, 체류기간 90일, 유효기간 1년의 복수) 사증 발급 허용; 미성년 자녀가 재학 중인 경우에는 안정적으로 수학할 수 있도록 부 또는 모가 방문취업 만기 출국하더라도 보호자가 있는 때에는 체류기간 연장 허용
2016년	4·1	불법체류자 자진신고기간(4·1-12·31) 출국 외국인 재취업 보장: 동포는 출국 후 단기체류자격으로 입국하여 기술교육을 받고 방문취업 체류자격으로 변경 가능
	7·1	재외동포기술교육제 개편: 기술교육 신청자 연령 25-55세로 확대
	7·1	이민자 조기적응프로그램: 방문취업(H-2) 자격으로 '재입국' 또는 '체류자격 변경'하여 외국인등록을 하려는 사람에게 기초 법·제도, 사회적응 정보 등 제공

2014년 4월에는 '재외동포기술교육제' 적용을 받는 동포방문(C-3-8) 체류자격 발급 요건을 수정하여, 60세 미만 외국국적동포로 그 대상자를 확대하였으며, 미성년자도 사증 발급 대상에 포함하였다.

한편, '방문취업'(H-2) 체류자격을 가진 재한조선족이 출입국관리사무소에 '재외동포'(F-4)로 체류자격 변경 허가를 신청하였으나 불허 처분을 받은 후, 2012년 헌법재판소에 재외동포법 위헌 심판을 요청하였다(설동훈·곽재석·서영효, 2013 참조). 2014년 4월 24일, 헌법재판소는 재판관 전원 일치 의견으로 재외동포법 제5조 제4항 중 '재외동포체류자격의 취득요건'에 관한 부분이 포괄위임입법금지원칙 등에 위반되지 않으므로 헌법에 위반되지 않는다며 합헌결정을 선고하였다(그림 4-5 참조). 즉, 국가가 외국국적동포의 출신국을 기준으로 재외동포(F-4) 체류자격 요건을 달리 설정하는 것은 정당하다는 내용이다.

또한, 2014년 9월 정부는 방문취업(H-2) 자격으로 '신규입국'하여 외국인등록을 하려는 사람에게 기초 법·제도, 사회적응 정보 등 제공하는 '이민자 조기적응프로그램'을 시행하였다.

2014년 11월 26일에는 재한조선족 푸춘펑(朴春风)이 경기도 수원 팔달산 토막 살인 사건을 일으켰다. 그는 동거녀를 목졸라 살해하고, 흉기로 시신을 훼손한 뒤 수원 팔달산 등 다섯 곳에 유기한 혐의로 체포되었다. 이 사건은 2012년 우위안춘 사건만큼 잔혹하여, 많은 한국인이 불안에 떨었다.

한편, 정부는 2015년 1월 재외동포기술교육제를 개편하여 기술교육 신청자 연령을 25-49세로 확대하였고, 2016년 7월에는 다시 25-55세로 확대하였다.

재외동포의 출입국과 법적지위에 관한 법률 제3조 등 위헌소원

(2014. 4. 24. 2012헌바412)

【판시사항】

가. '재외동포의 출입국과 법적 지위에 관한 법률'(이하 '재외동포법'이라 한다)의 적용 범위에 관한 재외동포법(2008. 3. 14. 법률 제8896호로 개정된 것) 제3조(이하 '이 사건 적용범위조항'이라 한다)에 대한 심판청구가 재외동포체류자격 변경허가신청 불허처분을 다투는 당해 사건에서 재판의 전제성이 인정되는지 여부(소극)

나. 재외동포법 시행령(2007. 10. 15. 대통령령

783

제20321호로 개정된 것) 제4조 제4항 및 출입국관리법 시행령(2011. 11. 1. 대통령령 제23274호로 개정된 것) 제12조 별표 1 중 제28호의2, 제23조 제3항(이하 '이 사건 시행령조항들'이라 한다)을 심판대상으로 하는 헌법재판소법 제68조 제2항의 헌법소원심판청구가 부적법하다고 본 사례

다.재외동포체류자격의 취득 요건을 대통령령에 위임하고 있는 재외동포법(2008. 3. 14. 법률 제8896호로 개정된 것) 제5조 제4항 중 '취득 요건'에 관한 부분(이하 '이 사건 위임조항'이라 한다)이 법률유보원칙에 위반되는지 여부(소극)

라.이 사건 위임조항이 포괄위임입법금지원칙에 위반되는지 여부(소극)

【결정요지】

가.이 사건 적용범위조항은 재외국민과 재외동포체류자격을 가진 외국국적동포에게 재외동포법을 적용한다는 취지의 조항이어서, 그 위헌 여부에 따라 재외동포체류자격 변경허가신청이 불허된 처분을 다투는 당해 사건에서 재판의 주문이 달라지거나 재판의 내용과 효력에 관한 법률적 의미가 달라진다고 볼 수 없으므로, 이 사건 적용범위조항에 대한 심판청구는 재판의 전제성이 인정되지 않는다.

나.이 사건 시행령조항들에 대한 심판청구는 헌법재판소법 제68조 제2항에 의한 헌법소원심판청구에서 심판대상이 될 수 없는 대통령령에 대한 것이므로 부적법하다.

다.재외동포법 제5조 제2항 제3호는 재외동포체류자격의 취득 요건에 관하여 이를 제한하는 일정한 기준을 제시하고 있고, 다만 가변적인 사회·경제적 상황 등을 고려해야 할 필요성으로 인하여 취득 요건에 관한 구체적인 사항들은 행정입법에 위임하고 있을 뿐이다. 재외동포체류자격의 취득 요건에 관한 구체적인 사항들을 반드시 법률에서 직접 정하여야만 하는 것으로 보기 어려우므로, 이 사건 위임조항은 법률유보원칙에 위반된다고 볼 수 없다.

라.이 사건 위임조항이 대통령령에 위임한 재외동포체류자격의 취득 요건에 관한 부분은 우리나라의 이익을 고려하여 어느 정도 사회적·정책적인 판단이 요구되는 부분으로서 위임의 필요성이 인정된다. 또한 재외동포법은 재외동포체류자격의 취득 요건과 경제활동을 제한하는 일정한 기준을 제시하고 있으므로(제5조 제2항 제3호, 제10조 제5항), 이러한 관련조항들을 유기적 체계적으로 해석해 보면, 이 사건 위임조항에서 위임한 대통령령에는 국내 노동시장 등 사회, 경제적 상황에 따라 대한민국의 이익을 위하여 재외동포체류자격의 취득 요건을 일정 부분 제한하는 내용이 규정될 것임을 어렵지 않게 예측할 수 있다. 따라서 이 사건 위임조항은 포괄위임입법금지원칙에 위반된다고 할 수 없다.

【심판대상조문】

재외동포의 출입국과 법적지위에 관한 법률(2008. 3. 14. 법률 제8896호로 개정된 것) 제3조, 제5조 제4항 중 '취득 요건'에 관한 부분

재외동포의 출입국과 법적지위에 관한 법률 시행령(2007. 10. 15. 대통령령 제20321호로 개정된 것) 제4조 제4항

출입국관리법 시행령(2011. 11. 1. 대통령령 제23274호로 개정된 것) 제12조 별표 1 중 제28호의2, 제23조 제3항

[그림 4-5] 헌법재판소의 재외동포법 합헌 결정문(2014.4.24. 2012헌바412)

제4장 한국정부의 조선족 이주관리정책, 1987-2020년 111

2015년 4월, 정부는 방문취업(H-2) 자격자의 자녀뿐 아니라 배우자에게도 방문동거(F-1-11, 체류기간 90일, 유효기간 1년의 복수) 사증 발급을 허용하였다. 그리고 미성년 자녀가 재학 중인 경우에는 안정적으로 수학할 수 있도록 부 또는 모가 방문취업 만기 출국하더라도 보호자가 있는 때에는 체류기간 연장을 허용하였다.

2016년 7월에는 방문취업(H-2) 자격으로 '재입국' 또는 '체류자격 변경'하여 외국인등록을 하려는 사람에게 기초 법·제도, 사회적응 정보 등을 제공하는 형태로 '이민자 조기적응프로그램'을 확대하였다.

3. 문재인 정부, 2017-2020년

2016-2017년 촛불혁명을 통해 집권한 문재인 정부는 조선족 동포에 대한 포용을 상대적으로 더 크게 강조하고 있다. 2017년 10월, 정부는 방문취업 체류자격 만기 출국자 재입국 기간을 기존 6개월에서 2개월로 단축하였다. 2019년 10월에는 방문취업 체류자격 발급 대상 연령을 25-55세에서 18-55세로 확대하였다.

정부는 2018년 7월 재외동포기술교육제를 개편하여 기술교육 신청자 연령을 18-59세로 확대하였고, 2019년 10월에는 동포기술교육제를 폐지하고, 사단법인 동포교육지원단을 해산하였다. 그리고 이미 동포방문(C-3-8) 사증으로 입국한 무연고동포는 방문취업(H-2)으로 체류자격을 변경하도록 하였다. 이로써, 2010년 10월 시행된 재외동포기술교육제는 완전히 역사의 뒤안길로 사라졌다.

2020년 1월에는 방문취업 건설업종 동포 취업등록제에서 '건설업 취업교육' 의무를 폐지하여, '일반취업교육' 수료와 함께 건설업 취

<표 4-6> 한국정부의 중국조선족 이주관리정책, 2017-2020년

연도	월·일	내용
2017년	10·1	방문취업 체류자격 만기 출국자 재입국기간 단축: 기존 6개월에서 2개월로 단축
2018년	7·1	재외동포기술교육제 개편: 기술교육 신청자 연령 18-59세로 확대
	12·20	'일반귀화' 요건 강화, 영주권 전치주의 도입. 영주 체류자격을 가지고 있고 5년 이상 계속하여 대한민국에 주소가 있어야 일반귀화 허가 신청 가능
2019년	7·2	외국국적동포 범위 확대: 손자녀(3세)에서 직계비속(4세 이후 포함)으로 확대
	9·2	해외 범죄경력확인 서류와 한국어능력 입증서류 제출 의무화: 동포범위 확대에 따른 동포에 대한 인식개선, 한국사회 정착지원 등을 고려
	9·2	재외동포(F-4) 체류자격 부여 요건 확대: '국내에서 고등학교를 졸업(정규 학력인정 대안학교 포함)한 사람'과 '국내 체류 중 사회통합프로그램 4단계 이상을 이수하거나 사회통합프로그램 사전평가로 5단계 배정을 받은 사람' 추가
	10·1	재외동포기술교육제 폐지: 방문취업제 무연고동포로 한국어시험에 합격하였으나 1년 이상 추첨에서 탈락한 사람을 대상으로 하는 6주간 동포기술교육 폐지, 사단법인 동포교육지원단 해산
	10·1	방문취업 체류자격 발급 대상 연령 확대: 25-55세에서 18-55세로 확대
	12·1	동포방문(C-3-8) 사증으로 입국한 중국 무연고동포에 대한 방문취업(H-2) 체류자격 부여: 내국인 일자리 보호차원에서 정해진 쿼터 30만 3천 명 범위 내에서 체류자격 변경. 초과할 경우 전산 추첨
2020년	1·1	건설업종 동포 취업등록제에서 '건설업 취업교육' 의무 폐지: '일반취업교육' 수료와 함께 건설업 취업인정증 취득 가능
	2·3	'신종 코로나바이러스 감염증' 예방을 위해 방문취업(H-2) 체류자격 소지자와 그 동반가족(F-1), 동포방문(C-3-8) 체류자격 소지자로서 체류기간이 1개월 내에 만료되는 조선족의 '출국시한 유예'. 방문취업(H-2) 체류자격 소지자와 그 동반가족(F-1)은 '체류기간연장' 허용

업인정증 취득이 가능하도록 하였다(그림 4-6 참조). '동포기술교육제 폐지'와 '건설업 취업교육 폐지'는 중국과 구소련 출신에게만 적용하던 제도를 없앴다는 의미에서 동포간 불평등을 제거한 것으로 평가할 수 있다(설동훈·고재훈·박미화·주수인, 2019 참조).

한편, 2018년 12월에는 국적법 개정으로 영주권 전치주의가 도입되어, 영주 체류자격을 가지고 있고 5년 이상 계속하여 대한민국에 주소가 있어야 '일반귀화' 허가 신청이 가능하도록 제도가 강화되었다.

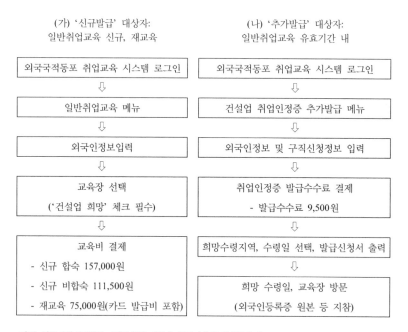

(가) '신규발급' 대상자: 일반취업교육 신규, 재교육	(나) '추가발급' 대상자: 일반취업교육 유효기간 내
외국국적동포 취업교육 시스템 로그인	외국국적동포 취업교육 시스템 로그인
일반취업교육 메뉴	건설업 취업인정증 추가발급 메뉴
외국인정보입력	외국인정보 및 구직신청정보 입력
교육장 선택 ('건설업 희망' 체크 필수)	취업인정증 발급수수료 결제 - 발급수수료 9,500원
교육비 결제 - 신규 합숙 157,000원 - 신규 비합숙 111,500원 - 재교육 75,000원(카드 발급비 포함)	희망수령지역, 수령일 선택, 발급신청서 출력
	희망 수령일, 교육장 방문 (외국인등록증 원본 등 지참)

자료: 한국산업인력공단. "새로워진 외국인 동포건설업 취업등록제!", 2019, p. 3.

[그림 4-6] '건설업 취업 인정증' 발급 절차, 2020년

재외동포법 개정으로, 2019년 7월에는 외국국적동포 범위가 손자녀(3세)에서 직계비속(4세 이후 포함)으로 확대되었다. 9월에는 동포 범위 확대에 따른 동포에 대한 인식개선, 한국사회 정착지원 등을 고려하여, 해외 범죄경력확인 서류와 한국어능력 입증서류 제출을 의무화하였다. 또, 재외동포(F-4) 체류자격 부여 요건에 '국내에서

고등학교를 졸업(정규 학력인정 대안학교 포함)한 사람'과 '국내 체류 중 사회통합프로그램 4단계 이상을 이수하거나 사회통합프로그램 사전평가로 5단계 배정을 받은 사람'을 추가하여, 그 범위를 대폭 확대하였다.

한편, 법무부는 2020년 2월 3일 중국 후베이성(湖北省) 우한(武汉)에서 시작된 '코로나바이러스감염증-19'(COVID-19) 예방을 위해 방문취업(H-2) 체류자격 소지자와 그 동반가족(F-1), 또는 동포방문(C-3-8) 체류자격 소지자로서 체류기간이 1개월 내에 만료되는 조선족의 '출국시한을 유예하는' 한편, 방문취업(H-2) 체류자격 소지자와 그 동반가족(F-1)은 '체류기간연장'을 허용하였다.

4. 소결

2008-2020년에는 외국국적동포와 내국인의 일자리 경합을 피하는 한편, 재외동포법의 적용 범위를 확대하여 조선족의 국내 정착 문호를 대폭 넓히는 정책이 시행되었다. 그렇지만 조선족은, 재미동포와는 달리, 곧바로 재외동포(F-4) 체류자격을 발급받은 것이 아니라, 지방 소재 제조업체 등에서 2년간 사업장 변경 없이 취업하거나, 기능사 자격을 취득한 후에야 비로소 재외동포 체류자격을 받을 수 있다. 정부의 정책 운용으로 인해 조선족 동포에게 실질적 혜택이 크게 늘어난 것이 사실이지만, 재미동포와 비교할 경우 차별을 받는다는 점은 여전히 문제로 남아 있다(설동훈, 2020; Piao, 2017; Park, 2020 참조). 즉, 정부가 재한조선족의 정주 기반을 마련하여 포용 수준을 높인 것이 확실하지만, 여전히 핵심적인 부분은 배제하고 있다는 점 또한 명백하다.

제5장

재한조선족의 경제활동

재한조선족의 대부분은 경제활동을 하고 있다. 경제활동을 하는 사람들의 사회인구학적 특성을 살펴보고, 경제활동의 구체적 내용을 파악한다. 분석에 사용한 자료는 '외국인고용조사' 원시자료다. 생산연령인 15세 이상 재한조선족의 생활 모습을 파악할 수 있는 자료로 평가한다. 사회인구학적 특성으로 재한조선족의 성별·연령·교육수준, 혼인상태·가구형태·거처종류, 거주지역, 체류자격을 고찰한다. 경제활동 실태로는 성별·체류자격별 경제활동상태, 취업자의 성·연령·체류자격, 취업자의 산업·직업·종사상지위·사업체규모, 임금·노동시간, 근속·경력을 다룰 것이다.

Ⅰ. 사회인구학적 특성

1. 성별·연령·교육수준

성별 구성을 보면, 2016년 기준 남자 52.4%, 여자 47.6%로, 남자가 약간 더 많다. 2012년부터 5년간의 추이를 살펴보면, 남자가 여자보다 항상 더 많다.

연령 구성을 살펴보면, 2016년 현재 50-59세 28.2%, 40-49세 22.9%, 60세 이상 18.7%, 30-39세 18.6%, 15-29세 11.6%, 20-29세 11.3%의 순이었다. 40대 이상의 연령층에 해당하는 사람이 상대적으로 더 많다. 시기별로는 60세 이상 연령층의 비율이 꾸준히 상승해왔고, 40-49세 연령층은 2012년 32.7%에서 2016년 22.9%로 꾸준히 감소하였다. 이는 재한조선족 생산연령인구의 고령화가 이루어지고 있음을 가리킨다. 더구나 기존 재한조선족 인구를 고려할 때, 신규 유입 잠재력이 크지 않으므로, 앞으로 인구 고령화는 더욱 심해질 것으로 전망할 수 있다.

2016년 교육수준별 구성은 고졸 41.8%, 중졸 26.0%, 대졸 이상과 초졸 이하가 각각 16.1%로, 고졸과 중졸 학력 수준에 집중되어 있음을 알 수 있다. 시기별 추이를 보면, 대졸 이상자와 초졸 이하자 비율이 근소하게나마 꾸준히 증가해왔고, 고졸자와 중졸자 비율은 약간 감소한 것을 알 수 있다. 교육수준의 양극화가 진행되고 있음을 확인한다.

<표 5-1> 15세 이상 재한조선족의 성별·연령·교육수준 구성, 2012-2016년

(단위: %, 천명)

(N)	2012년 (457)	2013년 (451)	2014년 (533)	2015년 (598)	2016년 (605)
성별	100.0	100.0	100.0	100.0	100.0
남자	52.1	52.5	53.0	52.7	52.4
여자	47.9	47.5	47.0	47.3	47.6
연령	100.0	100.0	100.0	100.0	100.0
15-29세	9.5	10.7	12.8	12.3	11.6
20-29세	9.4	10.7	12.5	12.1	11.3
30-39세	19.0	19.1	21.2	17.5	18.6
40-49세	32.7	31.0	27.6	25.0	22.9
50-59세	28.6	26.5	25.3	27.2	28.2
60세 이상	10.2	12.7	13.1	17.9	18.7
교육수준	100.0	100.0	100.0	100.0	100.0
초졸 이하	13.6	14.0	12.4	13.7	16.1
중졸	27.8	25.0	27.0	26.7	26.0
고졸	45.2	48.7	46.9	45.4	41.8
대졸 이상	13.4	12.3	13.7	14.2	16.1

자료: 통계청, 『외국인고용조사』, 각 연도. 원자료 분석.

<표 5-2> 15세 이상 재한조선족의 혼인상태·가구형태·거처종류, 2012-2016년

(단위: %, 천명)

(N)	2012년 (457)	2013년 (451)	2014년 (533)	2015년 (598)	2016년 (605)
혼인상태	100.0	100.0	100.0	100.0	100.0
배우자 있음	78.9	76.9	71.8	72.5	74.7
배우자 없음	21.1	23.1	28.2	27.5	25.3
가구형태	100.0	100.0	100.0	100.0	100.0
1인가구	20.2	20.1	19.4	18.8	17.6
가족가구	70.5	71.3	71.4	72.7	74.7
기타가구	9.3	8.6	9.2	8.5	7.7
거처종류	100.0	100.0	100.0	100.0	100.0
일반주택	79.5	79.8	78.8	81.8	83.0
아파트	8.5	9.6	9.3	8.5	9.7
기숙사	10.0	8.3	9.2	7.6	5.2
기타거처	2.0	2.3	2.7	2.1	2.1

주: 1) 기타가구=(가족+비가족원으로 이루어진 가구)+(비가족원으로 이루어진 가구).
　　2) 기타거처는 오피스텔, 기타 주택이 아닌 거처(컨테이너, 판잣집 등).
자료: 통계청, 『외국인고용조사』, 각 연도. 원자료 분석.

2. 혼인상태·가구형태·거처종류

　　2016년 15세 이상 재한조선족의 혼인상태 비율은 '배우자 있음' 74.7%, '배우자 없음' 25.3%로, 유배우자의 비율이 단연 높다. 이러한 형태는 2012-2016년에 변동 없이 유지되고 있다.

　　2016년 가구형태 구성은 가족가구 74.7%, 1인가구 17.6%, 기타가구 7.7%로, 가족가구의 비율이 압도적으로 높다. 이러한 구성 비율은 5년간 거의 변동 없이 유지되고 있다. 가족가구의 비율은 2012년 70.5%에서 2016년 74.7%에 이르기까지 소폭이지만 매년 꾸준히 증가하였고, 1인가구의 비율이 2012년 20.2%에서 2016년 17.6%에 이르기까지 근소하지만 꾸준히 감소하였다. 이는 정부가 조선족의 자녀와 배우자 동반을 허용한 정부의 정책 변화와 연결지어 설명할 수 있다.

2016년 거처종류의 구성은 일반주택 83.7%, 아파트 9.7%, 기숙사 5.2%, 기타거처 2.1%의 순이다. 5년간 구성 비율의 변동은 없다. 일반주택 거주자의 비율이 꾸준히 증가해왔고, 반면 기숙사 거주자 비율은 크게 줄었다. 이는 1인가구의 감소, 가족가구의 증가와 맞물리는 현상으로 설명할 수 있다.

서울 구로구 가리봉동에 거주하는 조선족은 월 15-20만 원 정도의 월세를 내고[1] 빽빽이 붙어 있는 쪽방에 거주한다. 가리봉동은 2003년 균형발전촉진지구, 2008년 재정비촉진지구로 지정되면서, 더 이상 개보수가 금지되었기 때문에 급속히 쇠락하고 있다. 그렇지만 개발 사업이 지연되면서 임대용 방을 늘리려는 목적으로 탈법적 개보수도 이루어지고 있다. 영등포구 대림2동은 반지하 월세방이라도, 가리봉동보다 상대적으로 주거환경이 쾌적하다. 대림2동에는 1980년대 후반, 1990년대 초반에 만들어진 다가구주택이 많다. 2층 독채에는 주인이 거주하고, 1층은 둘로 나누어 전세를 놓는다. 지하층 또는 반지하층은 공간을 3-4개로 나누고, 또 옥탑방을 만들어 월세를 놓는다. 이렇게 되면, 건물 하나에 8가구 정도가 함께 사는 공동 주거 공간이 완성된다. 이러한 형태의 집을 '대림2동 표준형 주택'이라고 한다(김동인, 2019). [그림 5-1]은 재한조선족이 거주하는, 서울 서남부 지역 일반주택과 그 내부 모습을 보여준다. 한국에 온지

---

1) 2018년 기준. 김경민, "가리봉동 여성 노동자를 위한 벌집…일부 보존 필요." 『이코노미조선』, 제260호(2018・7・23).

얼마 안된 조선족은 저렴한 주거를 찾으므로, 가리봉동 쪽방 또는 대림2동 지하방·반지하방·옥탑방에 모여들지만, 이후 돈을 벌면 지하철역 근처의 다른 지역, 관악구 봉천동·신림동, 광진구 건대입구역 근처 등으로 거주지를 옮긴다(설동훈, 2016: 403).

[그림 5-1] 서울 서남부 조선족 밀집지역의 주택과 그 내부

<표 5-3> 15세 이상 중국조선족의 국내 거주지역 구성, 2012-2016년

(단위: %, 천명)

(N)	2012년 (457)	2013년 (451)	2014년 (533)	2015년 (598)	2016년 (605)
수도권	83.4	82.3	82.9	79.9	80.9
서울	42.5	40.6	39.5	38.1	36.7
경기·인천	40.9	41.7	43.4	41.8	44.2
지방	16.6	17.7	17.1	20.1	19.1
부산·울산·경남	5.3	5.7	5.1	6.5	6.5
대전·세종·충남·충북	5.8	7.3	6.9	7.6	6.8
대구·경북	2.3	1.8	2.5	3.0	2.4
광주·전남·전북	2.4	2.2	1.9	2.0	2.3
강원·제주	.8	.6	0.7	1.1	1.1
계	100.0	100.0	100.0	100.0	100.0

자료: 통계청, 『외국인고용조사』, 각 연도. 원자료 분석.

3. 거주지역

15세 이상 재한조선족은 80% 이상이 수도권에 거주하고 있다.[2] 2016년 수도권 거주 비율은 80.9%다. 수도권 내에서, 서울 인구는 36.7%, 경기·인천 인구는 44.2%다. 재한조선족은 공장이 많아 일자리를 얻기 쉬운 공장지대, 또는 주거비가 저렴한 노후화된 주택지구 등에 주로 주거를 마련하였다. 영등포구 대림동, 구로구 가리봉동, 금천구 가산동·독산동 일대에는 재한조선족 동포의 집거지가 형성되어 있다(Seol, 2011: 144-148; 설동훈, 2016: 391-392; 고민경, 2019: 1-6). 가리봉시장 인근 약 500m에 이르는 골목은 '옌볜 거리'로 불린다. '서울 속 옌볜', '구로구 옌볜동', '중국동포타운' 등으로도 불리는 이 지역에는 중국 식료품점·잡화점·음식점·주점·노

---

2) 이는, <표 3-9>에서 살펴본, 2018년 전체 재한조선족의 거주지 분포와 동일하다.

래방·환전상 등이 모여 있다.

이 지역은 1960-1980년대에 걸쳐 구로공단 노동자들의 배후 주거지로 발달하였고, 1980년대 말부터 이주노동자들이 들어오면서 외국인 주민의 비율이 점점 높아졌다. 1997년 외환위기 이후 생활이 어려워진 재한조선족이 값싼 주거를 찾아 쪽방이 많은 이 일대에 모여들었고, 그러면서 쪽방촌 거주자는 한국인 노동자들에서 재한조선족으로 바뀌었다. 지금도 이 지역에는 부엌이 딸린 2평 반짜리 쪽방이 많다. 서울시내에서 이처럼 싼 주거를 구할 수 있는 곳은 여기밖에 없다. 또한, 주변에 공장이 많아 공장노동자로 쉽게 취업할 수 있고, 공사장 막노동, 식당일, 파출부 등 일자리를 구할 수 있는 인력시장이나 인력소개업체가 이곳에 있다. 싼 주거비용과 인력시장 등의 요인으로 이 지역에 재한조선족 마을이 만들어졌다(설동훈, 2016: 392).

그런데 서울 거주 조선족 인구 비율은 최근으로 올수록 낮아지고, 경기·인천 거주자 인구 비율은 반대로 점점 높아지고 있다. 서울 구로구 가리봉동이 재개발 문제에 휩싸여 주거환경이 급격히 악화되고 있을 뿐 아니라, 금천구 가산동·독산동과 영등포구 대림동 등의 주거 비용이 상승하여 유출 인구가 늘고 있기 때문이다. 반면, 경기·인천은 주거비와 물가가 상대적으로 싸면서도, 조선족이 일자리에 접근하기 용이한 이점이 있으므로, 유입 인구가 늘고 있다.

경기도 안산시 단원구 원곡동 '다문화거리'에도 재한조선족이 다수 거주한다. 사실상 '조선족거리'라 해도 과언이 아니다. 반월공단·시화공단과 인접해 일자리를 쉽게 찾을 수 있고, 출퇴근 등 교통이 편리할 뿐 아니라, 서울보다 낮은 주거비, 상대적으로 좋은 거처를 찾을 수 있기 때문이다. 이 지역에 정착한 조선족이 친척을 초청해 함께 생활하는 식으로 연쇄이주(chain migration)가 이루어졌고, 그 결과 새로운 재한조선족 마을이 만들어진 것이다. 거리에는 조선족 상대 휴대폰대리점·식당·노래방 등의 업체가 들어서 있고, 간판에는 간체(簡体) 한자로 가득하다. [그림 5-2]는 경기도 안산시 원곡동 조선족 밀집지역의 반찬가게와 식품점을 보여준다.

[그림 5-2] 경기도 안산시 원곡동 조선족 밀집지역의 반찬가게와 식품점

행정자치부의 『지방자치단체 외국인주민현황 2015』에 따르면, 2015년 1월 1일 조선족 인구가 5,000명을 초과한 시·군·구는 ① 서울 영등포구(56,227명), ② 경기 안산시(52,681명), ③ 서울 구로구(44,684명), ④ 경기 수원시(38,630명), ⑤ 경기 시흥시(29,099명), ⑥ 서울 금천구(27,419명), ⑦ 서울 관악구(23,838명), ⑧ 경기 부천시(19,656명), ⑨ 경기 성남시(18,391명), ⑩ 서울 광진구(14,424명), ⑪ 경기 화성시(13,108명), ⑫ 서울 동작구(12,387명), ⑬ 경기 평택시(10,548명), ⑭ 충남 천안시(10,381명), ⑮ 인천 부평구(9,805명), ⑯ 경기 용인시(9,596명), ⑰ 경기 오산시(9,180명), ⑱ 경기 고양시(8,893명), ⑲ 서울 동대문구(7,713명), ⑳ 서울 송파구(7,638명), ㉑ 경기 안양시(7,570명), ㉒ 충남 아산시(7,153명), ㉓ 경기 군포시(7,122명), ㉔ 경기 광명시(6,811명), ㉕ 서울 강서구(6,574명), ㉖ 서울 성동구(6,515명), ㉗ 경기 김포시(6,417명), ㉘ 울산 울주군(5,584명), ㉙ 서울 강동구(5,567명), ㉚ 경남 창원시(5,535명), ㉛ 인천 남동구(5,483명), ㉜ 서울 양천구(5,455명), ㉝ 인천 서구(5,309명) 등이다(그림 5-3 참조).

2015년 1월 1일 기준, 읍·면·동 단위로 조선족이 많이 거주하는 곳은 ① 경기 안산시 단원구 원곡본동(26,524명), ② 경기 시흥시 정왕본동(14,636명), ③ 서울 영등포구 대림2동(14,145명), ④ 서울 구로구 구로2동(12,625명), ⑤ 서울 구로구 가리봉동(10,996명), ⑥ 경기 시흥시 정왕1동(10,166명), ⑦ 서울 금천구 독산3동(7,510명), ⑧ 서울 구로구 구로4동(7,147명), ⑨ 서울 영등포구 대림3동(7,090명), ⑩ 경기 안산시 단원구 원곡1동(6,595명), ⑪ 서울 금천구 가산동(6,217명), ⑫ 서울 광진구 자양제4동(6,200명), ⑬ 서울 영등포구

대림1동(5,417명), ⑭ 서울 구로구 구로5동(5,365명), ⑮ 서울 영등
포구 도림동(5,074명), ⑯ 서울 영등포구 영등포본동(5,026명), ⑰ 서
울 관악구 신사동(4,986명), ⑱ 서울 영등포구 신길5동(4,570명), ⑲
울산 울주군 온산읍(4,156명), ⑳ 서울 동작구 신대방1동(4,142명),
㉑ 경기 수원시 팔달구 고등동(4,072명), ㉒ 경기 안산시 단원구 선
부2동(4,044명), ㉓ 경기 화성시 향남읍(3,992명), ㉔ 서울 관악구 조
원동(3,749명), ㉕ 경기 성남시 수정구 수진1동(3,603명), ㉖ 경기 오

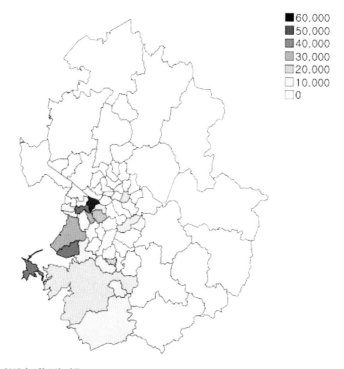

주: 2015년 1월 1일 기준.
자료: 행정자치부, 『지방자치단체 외국인주민현황』, 2015. 저자 계산, 지도 작성.

[그림 5-3] 서울·경기 지역의 시·군·구 단위 조선족 주민 분포, 2015년

산시 남촌동(3,597명), ㉗ 서울 영등포구 신길1동(3,502명), ㉘ 서울 금천구 독산1동(3,470명), ㉙ 서울 금천구 시흥1동(3,453명), ㉚ 경기 군포시 산본1동(3,323명), ㉛ 경기 성남시 수정구 수진2동(3,245명), ㉜ 서울 영등포구 신길6동(3,140명) 등이다(박세훈·이영아·김은란·정소양, 2009; 박세훈·김은란·정윤희·정소양·임동근·가와모토아야, 2010; 홍석기·김선자·이혜숙, 2010; 정기선·강동관·오정은·조영희·최서리·오인규·김혁래, 2012; 이소영, 2013 참조).

4. 체류자격

<표 5-4>에서 2016년 15세 이상 재한조선족의 체류자격을 보면, 방문취업(H-2)이 41.5%, 재외동포(40.8%), 영주(F-3) 11.7%, 결혼이민(F-2-1, F-6) 3.3% 등의 순이다. 시기별 추이를 보면, 2012년 60.4%로 가장 높은 비율을 차지하였던 방문취업(H-2) 체류자격은 꾸준하고 확연한 감소세를 보여 2016년에는 41.5%로 줄어들었고, 재외동포(F-4) 체류자격은 2012년 20.6%에서 매년 급격히 증가하여 2016년 40.8%로 두 배로 늘었다. 이는 2008년 이후 한국정부가 재한조선족에게도 재외동포(F-4) 체류자격을 발급하였고, 또 그 범위를 지속적으로 확대하였기 때문으로 설명할 수 있다(표 4-4 참조). 결혼이민(F-2-1, F6) 체류자격은 2012년 6.2%에서 꾸준히 감소하여 2016년에는 3.3%를 기록하여, 절반 수준으로 줄었다.

한편, 비록 그 수는 많지 않으나 중요한 집단인 유학생(D-2, D-4-1, D-4-7) 집단을 살펴볼 필요가 있다. 유학생은 2012년 0.3%를 차지했지만 2015년 0.1%로 낮아진 후, 2016년에는 0.0%로 떨어졌다. 과거 조선족 유학생들이 언어와 문화의 유사성을 이유로 한국

을 선택하였지만(박우, 2009: 155), 최근에는 미국·일본 등 다른 나라로 눈길을 돌리고 있는 현상의 반영으로 이해할 수 있다.

<표 5-5>에는 2015년 11월 기준 전체 재한조선족의 체류자격별 분포와 함께, 한국 국적취득자 수까지 제시되어 있다. 구성 비율을 살펴보면, 외국인근로자(H-2) 38.1%, 외국국적동포(F-4) 27.3%, 한국국적취득자 12.2%, 결혼이민자 4.7%, 유학생 0.1% 등의 순이다.

<표 5-5>는 재한조선족의 성별 구성 비율도 보여준다. 남자 50.5%, 여자 49.5%로, 남자가 여자보다 약간 많다. 그렇지만 한국국적취득자는 72.9%가 여자이고, 결혼이민자는 66.3%가 여자다. 국적취득 방법 중 혼인을 통한 간이귀화를 택한 사람은 여성 비율이 무려 83.4%에 달했다.

조선족 여성이 한국남성과 결혼을 택한 까닭은 언어와 문화를 공유한 동족이라는 점, 그리고 경제적으로 발전한 한국으로 결혼하여 이주하려는 욕구가 강하게 작용했기 때문이다(김숙자, 1998: 94). 조선족 여성들이 처음부터 결혼이주를 선택한 것은 아니다. 처음에는 친척방문과 취업이주를 시도하였으나, 1992년 이후 한국정부가 입국 규제 정책을 실시하자(표 4-2 참조), '결혼을 통한 취업 이주'를 선택한 것이다(이혜경·정기선·유명기·김민정, 2006: 258). 독신자가 결혼이주를 택한 사례가 대부분이지만, 일부는 위장이혼을 하고 이주의 통로로 국제결혼을 선택한 사람도 있었다(설동훈, 2000). 그 결과 조선족 여성들이 한국에 정착할 기회를 얻었지만 그 대가는 매우 컸다(강유진, 1999: 64; 최금해, 2010: 140-143). 그들 중 상당수는 한국 생활에 어려움을 느꼈고, 가족 해체를 경험하기도 했다.

<표 5-4> 15세 이상 재한조선족의 체류자격, 2012-2016년

(단위: %, 천명)

(N)	2012년 (457)	2013년 (451)	2014년 (533)	2015년 (598)	2016년 (605)
비전문취업(E-9)	0.2	0.0	0.0	0.0	0.0
방문취업(H-2)	60.4	49.9	46.4	45.1	41.5
전문인력(E-1~E-7)	0.1	0.0	0.0	0.1	0.0
유학생(D-2, D-4-1, D-4-7)	0.3	0.3	0.2	0.1	0.0
재외동포(F-4)	20.6	28.7	34.2	37.6	40.8
영주(F-5)	8.4	10.9	11.2	10.5	11.7
결혼이민(F-2-1, F-6)	6.2	5.7	4.3	3.7	3.3
기타	3.8	4.5	3.7	2.9	2.6
계	100.0	100.0	100.0	100.0	100.0

자료: 통계청, 『외국인고용조사』, 각 연도. 원자료 분석.

<표 5-5> 재한조선족의 체류자격·성 구성, 2015년 11월 1일

(단위: 명, %)

	인원 (명)			체류자격·국적 구성 (%)			성 구성 (%)	
	전체	남자	여자	전체	남자	여자	남자	여자
전체	610,554	308,242	302,312	100.0	100.0	100.0	50.5	49.5
중국국적자	500,564	269,722	230,842	82.0	87.5	76.4	53.9	46.1
외국인근로자	232,481	136,273	96,208	38.1	44.2	31.8	58.6	41.4
결혼이민자	28,620	9,632	18,988	4.7	3.1	6.3	33.7	66.3
유학생	378	202	176	0.1	0.1	0.1	53.4	46.6
외국국적동포	166,870	85,266	81,604	27.3	27.7	27.0	51.1	48.9
기타	72,215	38,349	33,866	11.8	12.4	11.2	53.1	46.9
한국국적취득자	74,551	20,180	54,371	12.2	6.5	18.0	27.1	72.9
혼인귀화자	42,163	7,007	35,156	6.9	2.3	11.6	16.6	83.4
기타귀화자	32,388	13,173	19,215	5.3	4.3	6.4	40.7	59.3
외국인주민자녀	35,439	18,340	17,099	5.8	5.9	5.7	51.8	48.2
외국인부모	3,663	1,889	1,774	0.6	0.6	0.6	51.6	48.4
외-한국인부모	30,400	15,727	14,673	5.0	5.1	4.9	51.7	48.3
한국인부모	1,376	724	652	0.2	0.2	0.2	52.6	47.4

자료: 행정자치부, 『지방자치단체 외국인주민현황』, 2016. 저자 계산.

<표 5-6> 15세 이상 재한조선족의 체류자격 변경 경험과 체류 희망, 2012-2016년

(단위: %, 천명)

(N)	2012년 (457)	2013년 (451)	2014년 (533)	2015년 (598)	2016년 (605)
체류자격 변경 유무	100.0	100.0	100.0	100.0	100.0
변경함	22.9	40.6	42.6	42.4	43.9
변경하지 않음	77.1	59.4	57.4	57.6	56.1
한국외 체류 유무·기간	100.0	100.0	100.0	100.0	100.0
없었음	17.8	27.7	29.1	26.8	26.0
있었음	82.2	72.3	70.9	73.2	74.0
1개월 미만	58.0	44.3	52.6	53.9	58.2
1개월-3개월 미만	24.7	32.1	30.9	30.4	25.9
3개월-6개월 미만	11.2	14.2	11.1	9.4	9.8
6개월-1년 미만	6.1	9.5	5.4	6.3	6.1
총 체류기간	n.a.	100.0	100.0	100.0	100.0
6개월 미만	n.a.	1.7	3.1	1.9	1.1
6개월-1년 미만	n.a.	4.8	7.9	5.2	4.4
1년-3년 미만	n.a.	25.5	23.9	25.7	23.3
3년-5년 미만	n.a.	22.2	20.8	18.9	17.4
5년-10년 미만	n.a.	31.4	30.0	30.3	35.2
10년 이상	n.a.	14.4	14.3	18.0	18.6
계속체류 희망여부·방법	100.0	100.0	100.0	100.0	100.0
계속체류 원하지 않음	7.4	6.6	6.3	7.1	6.7
계속체류 원함	92.6	93.4	93.7	92.9	93.3
체류기간 연장	45.6	43.7	51.3	53.1	56.9
체류자격 변경	9.5	9.6	8.3	9.2	11.3
영주자격 취득	32.7	35.4	30.1	30.1	23.9
한국국적 취득	11.5	11.1	10.1	7.4	7.5
기타	0.7	0.2	0.2	0.2	0.3

자료: 통계청, 『외국인고용조사』, 각 연도. 원자료 분석.

<표 5-6>은 15세 이상 재한조선족의 체류자격 변경 경험과 체류 희망 등에 관한 조사결과를 보여준다. '체류자격 변경 유무'를 살펴

보면, 2016년의 경우 '변경함' 43.9%, '변경하지 않음' 56.1%였다. 시기별 추세를 보면, 최근으로 올수록 체류자격 변경자 비율이 상승하고 있음을 알 수 있다. 이는 한국정부가 '동포방문'(C-3-8)에서 '방문취업'(H-2) 체류자격으로, '방문취업'(H-2)에서 '재외동포'(F-4) 또는 '영주'(F-5) 체류자격으로, '재외동포'(F-4)에서 '영주'(F-5) 체류자격으로 변경 가능한 제도를 채택하고, 그 문호를 점차 확대해온 것과 관련이 있다.

한국외 다른 나라에서 체류한 경험을 조사한 결과, 2016년의 경우 '있었음' 74.0%, '없었음' 26.0%로 나타났다. 2012-2016년 모두 타국 체류 경험이 '있었다'는 비율이 단연 높다. 타국 체류 기간을 보면, 대부분 '3개월 미만'의 단기체류였음을 알 수 있다.

한국에서의 총 체류기간을 살펴보면, 2016년의 경우 '5년-10년 미만'이 35.2%로 가장 많고, 그 다음은 '1년-3년 미만' 23.3%, '10년 이상' 18.6%, '3년-5년 미만' 17.4% 등의 순이다. 2012-2016년간 연도별 추이를 보면, 최근으로 올수록 '5년 이상' 체류자 비율이 높아지고 있음을 발견할 수 있다. 이는 한국정부가 2008년 이후 재한조선족에게 재외동포(F-4)와 영주(F-5) 체류자격 취득의 기회를 대폭 개방하여 정착 문호를 확대해온 정책을 반영하는 것으로 여겨진다.

향후 계속체류 희망 여부를 조사한 결과, 2016년의 경우 '계속체류 원함' 93.3%, '계속체류 원하지 않음' 6.7%로 나타났다. 2012-2016년 추이를 보면, 계속체류를 원하는 비율이 늘 압도적으로 높았다. 계속체류 방법을 조사한 결과, 2016년 조사에서는 '체류자격 연장' 56.9%, '영주자격 취득' 23.9%, '체류자격 변경' 11.3%, '한국국적 취득' 7.5%의 순으로 나타났다.

Ⅱ. 경제활동

1. 성별·체류자격별 경제활동상태

<표 5-7>은 15세 이상 재한조선족의 성별 경제활동상태를 보여준다. 생산연령인구, 경제활동인구, 취업자 수 모두 증가하였다. 생산연령인구는 2012년 45만7천 명에서 2016년 50만5천 명으로 증가하였고, 경제활동인구는 2012년 37만7천 명에서 2016년 46만3천 명으로 증가하였으며, 취업자 수는 2012년 35만7천 명에서 2016년 44만1천 명으로 증가하였다.

재한조선족의 대다수가 활발한 경제활동을 하고 있음을 확인할 수 있다. 2016년의 경우, 전체 경제활동참가율 76.6%, 고용률 73.0%였고, 남자가 여자보다 경제활동참가율과 고용률이 모두 훨씬 높다.

그런데, 시기별 추이를 보면, 경제활동참가율과 고용률이 모두 낮아지고 있다. 경제활동참가율은 2012년 82.6%였으나 2016년에는 76.6%로 낮아졌고, 고용률 역시 2012년 78.2%에서 2016년에는 73.0%로 낮아졌다. 이처럼 경제활동참가율과 고용률이 낮아지는 것은 비경제활동인구가 증가하고 있음을 뜻한다. 비경제활동인구는 2012년 8만 명이었던 것이 2016년에는 14만1천 명으로 증가하였다.

<표 5-8>에서는 체류자격별 경제활동참가율과 고용률의 추이를 살필 수 있다. 방문취업(H-2) 체류자격자의 경제활동참가율은 2012년 88.5%에서 2016년 85.7%로, 고용률은 2012년 84.1%에서 2016년 82.5%로 약간 낮아졌다. '취업'하지 않고 '방문'만 하는 사람의 비율이 그만큼 높아진 것으로 해석할 수 있다.

<표 5-7> 재한조선족의 성별 경제활동상태, 2012-2016년

(단위: %, 천명)

구분		15세 이상 인구	경제활동 인구	취업자	비경제활동 인구	경제활동 참가율(%)	고용률 (%)
2012년	(N)	(457)	(377)	(357)	(80)	82.6	78.2
	남자	52.1	56.3	56.4	32.1	89.3	84.6
	여자	47.9	43.7	43.6	67.9	75.4	71.3
2013년	(N)	(451)	(352)	(331)	(100)	77.7	73.4
	남자	52.5	58.0	57.9	58.0	86.3	81.4
	여자	47.5	42.0	42.1	42.0	69.1	65.4
2014년	(N)	(533)	(414)	(386)	(119)	77.7	72.5
	남자	53.0	59.1	57.9	31.8	86.7	80.5
	여자	47.0	40.9	42.1	68.2	67.8	63.8
2015년	(N)	(598)	(465)	(437)	(133)	77.8	73.2
	남자	52.7	59.3	59.3	28.7	88.1	82.7
	여자	47.3	40.7	40.7	71.3	67.1	63.2
2016년	(N)	(605)	(463)	(441)	(141)	76.6	73.0
	남자	52.4	58.3	58.4	32.7	85.6	81.6
	여자	47.6	41.7	41.6	67.3	67.3	64.0

자료: 통계청, 『외국인고용조사』, 각 연도. 원자료 분석.

재외동포(F-4) 체류자격자의 경제활동참가율은 2012년 75.5%에서 2016년 67.5%로, 고용률은 2012년 73.3%에서 2016년 63.3%로 크게 낮아졌다. 경제활동하지 않고, 비경제활동상태로 있는 사람이 그만큼 증가한 것으로 설명할 수 있다.

한편, 체류자격 구성비율의 변화를 보면, '방문취업(H-2)' 비중 감소와 '재외동포(F-4)' 비중 증가가 맞물려 있음을 알 수 있다. '방문취업'에서 '재외동포'로 '체류자격 변경 허가'를 하는 제도를 운용한 결과로 해석할 수 있다.

영주(F-5) 체류자격자의 경제활동참가율은 2012년 79.7%에서 2016

년 83.7%로, 고용률은 2012년 74.7%에서 2016년 80.2%로 높아졌다. 재한조선족이 영주 체류자격을 취득하기 위해서는 본인과 가족이 자립적 경제생활을 영위할 수 있음을 입증하여야 한다. 그러한 점을 고려하면, 가장 활발하게 경제활동을 하며 한국에 재정착한 사람이 바로 영주 체류자격자임을 알 수 있다.

<표 5-8> 재한조선족의 체류자격별 경제활동상태, 2012-2016년

(단위: %, 천명)

연도	체류자격	15세 이상 인구	경제활동인구	취업자	비경제활동 인구	경제활동 참가율 (%)	고용률 (%)
2012년	(N)	(457)	(377)	(357)	(80)	82.6	78.2
	비전문취업(E-9)	0.2	0.3	0.3	0.0	100.0	100.0
	방문취업(H-2)	60.4	64.8	65.0	39.9	88.5	84.1
	전문인력(E-1~E-7)	0.0	0.0	0.1	0.0	100.0	100.0
	유학생(D-2, D-4-1, D-4-7)	0.2	0.1	0.0	1.2	30.5	6.0
	재외동포(F-4)	20.6	18.9	19.3	29.0	75.5	73.3
	영주(F-5)	8.3	8.1	8.0	9.7	79.7	74.7
	결혼이민(F-2-1, F-6)	6.1	5.1	4.9	11.2	68.5	61.8
	기타	3.7	2.8	2.4	8.9	59.5	49.9
2013년	(N)	(451)	(350)	(331)	(100)	77.7	73.4
	비전문취업(E-9)	0.0	0.0	0.0	0.0	-	-
	방문취업(H-2)	50.8	53.8	53.5	36.3	84.1	79.1
	전문인력(E-1~E-7)	0.0	0.0	0.0	0.0	-	-
	유학생(D-2, D-4-1, D-4-7)	0.4	0.0	0.0	1.5	-	-
	재외동포(F-4)	28.6	27.0	27.2	34.4	73.7	69.9
	영주(F-5)	10.9	11.0	11.2	10.3	79.2	75.9
	결혼이민(F-2-1, F-6)	5.8	5.0	5.0	8.1	68.5	65.5
	기타	4.4	3.2	3.1	9.3	55.1	50.9

연도	체류자격	15세 이상 인구	경제활동인구	취업자	비경제 활동 인구	경제활동 참가율 (%)	고용률 (%)
2014년	(N)	(533)	(414)	(386)	(119)	77.7	72.5
	비전문취업(E-9)	0.0	0.0	0.0	0.0	-	-
	방문취업(H-2)	46.3	51.2	51.7	29.7	85.8	80.9
	전문인력(E-1~E-7)	0.0	0.0	0.0	0.0	-	-
	유학생(D-2, D-4-1, D-4-7)	0.2	0.0	0.0	0.4	9.7	9.7
	재외동포(F-4)	34.1	30.5	29.5	47.2	69.3	62.7
	영주(F-5)	11.3	11.4	11.7	10.5	79.1	76.1
	결혼이민(F-2-1, F-6)	4.3	3.9	4.0	5.8	70.5	66.1
	기타	3.8	3.0	3.1	6.4	62.1	59.3
2015년	(N)	(598)	(465)	(437)	(133)	77.8	73.2
	비전문취업(E-9)	0.0	0.0	0.0	0.0	-	-
	방문취업(H-2)	45.2	49.6	49.8	29.1	85.9	81.0
	전문인력(E-1~E-7)	0.0	0.1	0.1	0.0	100.0	100.0
	유학생(D-2, D-4-1, D-4-7)	0.0	0.0	0.0	0.3	-	-
	재외동포(F-4)	37.6	33.4	32.8	52.6	69.4	64.2
	영주(F-5)	10.5	11.6	11.8	6.7	86.0	82.1
	결혼이민(F-2-1, F-6)	3.7	3.3	3.4	5.2	69.4	67.5
	기타	3.0	2.0	2.1	6.1	54.2	52.5
2016년	(N)	(605)	(463)	(441)	(141)	76.6	73.0
	비전문취업(E-9)	0.0	0.0	0.0	0.0	-	-
	방문취업(H-2)	41.5	46.3	46.7	25.7	85.7	82.5
	전문인력(E-1~E-7)	0.0	0.0	0.0	0.0	100.0	100.0
	유학생(D-2, D-4-1, D-4-7)	0.0	0.0	0.0	0.0	-	-
	재외동포(F-4)	40.8	35.8	35.2	57.4	67.5	63.3
	영주(F-5)	11.7	12.8	12.8	8.3	83.7	80.2
	결혼이민(F-2-1, F-6)	3.3	3.1	3.1	4.1	71.4	68.1
	기타	2.6	2.0	2.1	4.4	60.7	58.9

자료: 통계청, 『외국인고용조사』, 각 연도. 원자료 분석.

결혼이민(F-2-1, F-6) 체류자격자의 경제활동참가율은 2012년 68.5%
에서 2016년 71.4%로, 고용률은 2012년 61.8%에서 2016년 68.1%
로 높아졌다. 최근으로 올수록 결혼이민자의 경제적 자립 능력이 상
승하고 있음을 확인한다. 결혼이민자 중 여성 비율이 압도적으로 높
고, 여성의 경제활동참가율·고용률이 남성보다 현저히 낮다는 점에
서, 다른 체류자격보다 그 절대값이 낮은 까닭을 이해할 수 있다.

전문인력(E-1～E-7)과 비전문취업(E-9)은 체류자격의 특성상 취업
을 전제로 하므로, 경제활동참가율·고용률이 100% 또는 그에 근접
한 값을 기록하여야 한다. <표 5-8>에 그렇게 나타난다. 그런데 재
한조선족 중 비전문취업 체류자격을 가진 사람은 2013-2016년에 전
혀 없었으므로, 경제활동참가율·고용률을 산출할 수 없었다.

유학생(D-2, D-4-1, D-4-7)은 '학생'으로 비경제활동인구로 간주
되나, 한국 대학에 재학 중 또는 어학연수 후 '체류자격 외 활동 허가'
를 받아 합법적으로 시간제 취업을 할 수 있으므로,[3] 실제 경제활동
을 하고 있다. 2012년 유학생의 경제활동참가율은 30.5%, 고용률은
6.0%였으나, 그 뒤에는 유학생 수가 급격히 감소하여, 2015-2016년
에는 경제활동참가율·고용률을 산출할 수 없었다.

2. 취업자의 성·연령·체류자격

<표 5-9>는 취업자의 성·연령·체류자격 구성을 보여준다. 취업
자 중 성별 구성비율을 보면 2016년의 경우 남자 58.4%, 여자
41.6%였다. 남자가 여자보다 훨씬 많은데, 이러한 경향은 2012-2016

---

[3] 유학(D-2) 체류자격을 가진 대학교 학부생은 주당 25시간 이내, 대학원생은 주당 35시간
이내에서 취업할 수 있다. 단, 단 주말·공휴일·방학은 무제한 취업이 가능하다.

년에 줄곧 지속되어 왔다.

2016년 취업자의 연령 구성비율을 보면, '50-59세' 31.8%, '40-49세' 26.8%, '30-39세' 19.6% 등의 순으로 높다. 50대와 40대의 비중이 높다는 점은 재한조선족 취업자의 고령화가 이미 현실로 나타났음을 가리킨다. 이러한 상황은 5년 동안 일정하게 발견된다.

<표 5-9> 재한조선족 취업자의 성별·연령·체류자격, 2012-2016년

(단위: %, 천명)

(N)	2012년 (357)	2013년 (331)	2014년 (386)	2015년 (437)	2016년 (441)
성별	100.0	100.0	100.0	100.0	100.0
남자	56.4	57.9	57.9	59.3	58.4
여자	43.6	42.1	42.1	40.7	41.6
연령	100.0	100.0	100.0	100.0	100.0
15-29세	6.2	8.4	10.0	11.1	10.7
20-29세	6.2	8.4	9.9	10.9	10.7
30-39세	18.6	19.6	22.2	17.4	19.6
40-49세	36.5	35.8	31.9	29.0	26.8
50-59세	31.3	27.9	27.6	30.2	31.8
60세 이상	7.4	8.3	8.3	12.3	11.1
체류자격	100.0	100.0	100.0	100.0	100.0
비전문취업(E-9)	0.3	0.0	0.0	0.0	0.0
방문취업(H-2)	65.0	53.9	51.6	50.0	46.9
전문인력(E-1~E-7)	0.1	0.0	0.0	0.1	0.0
유학생(D-2, D-4-1, D-4-7)	0.0	0.0	0.0	0.0	0.0
재외동포(F-4)	19.5	26.8	29.6	32.8	35.5
영주(F-5)	8.0	11.3	11.8	11.7	12.7
결혼이민(F-2-1, F-6)	4.8	5.0	4.0	3.4	2.9
기타	2.3	3.0	3.0	2.0	2.0

자료: 통계청, 『외국인고용조사』, 각 연도. 원자료 분석.

2016년 취업자의 체류자격 구성비율을 살펴보면, 방문취업(H-2) 46.9%, 재외동포(F-4) 35.5%, 영주(F-5) 12.7%, 결혼이민(F-2-1, F-6) 2.9%의 순으로 높다. 시기별 추이를 보면, 방문취업 구성비율이 급격히 감소하고, 반면 재외동포 구성비율은 급상승하고 있음을 알 수 있다. 한편, 전문인력, 비전문취업, 유학생 중 실제 취업한 사람은 거의 없는 것으로 조사되었다.

3. 취업자의 산업 · 직업 · 종사상지위 · 사업체규모

<표 5-10>은 재한조선족 취업자의 노동시장에서의 지위를 보여준다. 2016년 산업분포를 보면, 제조업·광업 31.9%, 도소매 및 숙박·음식점업 28.3%, 사업·개인·공공서비스업 21.1%, 건설업 16.9%, 농림어업 0.9%의 순으로 많다. 2015-2016년의 산업별 구성은 대체로 동일하다.

재한조선족의 2016년 직업은 '기능원·기계조작 및 조립 종사자' 37.9%, '단순노무 종사자' 37.1%, '서비스·판매 종사자' 18.7%, '사무 종사자' 3.0%, '관리자·전문가 및 관련 종사자' 2.7%, '농림어업 숙련 종사자' 0.6%로 구성되어 있다. '기능원·기계조작 및 조립 종사자'와 '단순노무 종사자'를 아우른 생산직 종사자가 75.0%에 달한다. 거의 대부분이 저숙련 직업을 갖고 있다. 2015-2016년 5년간 직업 구성비율은 거의 일정하다.

재한조선족의 2016년 종사상지위(status of workers)는[4] 임금근로

---

[4] '종사상 지위'란 취업자가 실제로 일하고 있는 신분 내지 지위 상태를 말한다. 상용근로자, 임시근로자, 일용근로자, 고용원이 있는 자영업자, 고용원이 없는 자영업자, 무급가족 종사자 등으로 구분한다.

<표 5-10> 재한조선족 취업자의 산업 · 직업 · 종사상지위 · 사업체규모, 2012-2016년

(단위: %, 천명)

(N)	2012년 (352)	2013년 (326)	2014년 (383)	2015년 (432)	2016년 (437)
산업				100.0	100.0
농림어업	n.a.	n.a.	n.a.	1.2	0.9
제조업 · 광업	n.a.	n.a.	n.a.	33.5	31.9
건설업	n.a.	n.a.	n.a.	15.5	16.9
도소매 및 숙박 · 음식점업	n.a.	n.a.	n.a.	28.2	28.3
전기 · 운수 · 통신 · 금융업	n.a.	n.a.	n.a.	0.8	0.9
사업 · 개인 · 공공서비스업	n.a.	n.a.	n.a.	20.8	21.1
기타산업	n.a.	n.a.	n.a.	0.0	0.0
직업	100.0	100.0	100.0	100.0	100.0
관리자 · 전문가 및 관련 종사자	1.6	1.8	1.8	2.5	2.7
사무 종사자	1.6	2.3	2.2	2.5	3.0
서비스 · 판매 종사자	15.0	17.1	18.0	15.5	18.7
농림어업 숙련 종사자	1.2	0.8	1.2	0.8	0.6
기능원 · 기계조작 및 조립 종사자	38.6	36.8	40.3	38.0	37.9
단순노무 종사자	42.0	41.2	36.5	40.7	37.1
종사상지위	100.0	100.0	100.0	100.0	100.0
임금근로자	97.2	97.9	97.6	97.5	97.2
상용근로자	42.2	43.3	43.5	37.3	42.2
임시 · 일용근로자	55.0	54.6	54.1	60.2	55.0
비임금근로자	2.8	2.1	2.4	2.5	2.8
사업체규모	100.0	100.0	100.0	100.0	100.0
1-4인	29.1	28.9	28.8	29.2	30.3
5-9인	22.8	22.5	20.7	24.1	22.0
10-29인	23.7	21.8	23.9	22.8	22.7
30-49인	9.8	11.9	10.1	10.0	10.1
50-299인	13.2	13.4	14.9	12.4	13.9
300인 이상	1.4	1.5	1.6	1.5	1.0

자료: 통계청, 『외국인고용조사』, 각 연도. 원자료 분석.

자 97.2%, 비임금근로자가 2.8%였다.[5] 임금근로자 비율이 압도적

---

5) '비임금근로자'는 고용원이 있는 자영업자, 고용원이 없는 자영업자, 무급가족종사자를

으로 높은데, 그 내부 구성은 임시·일용근로자 55.0%, 상용근로자 42.2%로, 임시·일용근로자 비율이 더 높다. 고용원이 있는 자영업자, 고용원이 없는 자영업자, 무급가족종사자를 포괄하는 비임금근

[그림 5-4] 서울 영등포구 대림동과 경기도 안산시 원곡동의 인력소개업체

포함한다.

로자 비율은 매우 낮다. 2012-2016년 5년간 변동 없이 일관된 추세를 보인다.

조선족은 인력소개업체, 구인광고, 새벽인력시장, 아는 사람 등을 통해 일자리를 구한다(곽재석·설동훈, 2010). [그림 5-4]에서 생산직, 일용직, 식당(주방보조), 가사도우미(파출부), 청소, 세탁, 세신(洗身, 때밀이), 운전, 청소 등의 직종을 확인할 수 있다. 또한, [그림 5-5]와 같이 새벽인력시장에서 일용직 일자리를 찾기도 한다. 새벽인력시장에는 인력소개업체 직원뿐 아니라 직접 고용을 원하는 사업주가 찾아오기도 한다.

[그림 5-5] 서울 구로구 남구로역사거리 새벽인력시장

<표 5-11> 재한조선족 취업자의 임금수준 · 주당노동시간, 2012-2016년

(단위: %, 천명)

(N)	2012년 (352)	2013년 (326)	2014년 (383)	2015년 (432)	2016년 (437)
임금수준	100.0	100.0	100.0	100.0	100.0
100만원 미만	5.5	5.0	3.0	4.1	3.6
100만원-200만원 미만	75.1	70.6	67.2	58.7	45.9
200만원-300만원 미만	17.7	22.2	27.6	33.3	43.3
300만원 이상	1.7	2.2	2.2	3.9	7.2
주당노동시간	100.0	100.0	100.0	100.0	100.0
일시휴직	0.0	1.2	0.8	0.0	0.0
20시간 미만	0.8	2.6	1.8	1.1	1.6
20시간-30시간 미만	2.7	5.4	3.4	1.8	3.0
30시간-40시간 미만	3.1	28.8	32.6	4.2	3.4
40시간-50시간 미만	30.2	19.7	21.7	35.2	38.7
50시간-60시간 미만	17.9	42.3	39.7	24.1	20.7
60시간 이상	45.3	0.0	0.0	33.6	32.6

자료: 통계청, 『외국인고용조사』, 각 연도. 원자료 분석.

사업체규모를 보면, 2016년의 경우 '1-4인' 30.3%, '5-9인' 22.0%, '10-29인' 22.7%로 나타나, '30인 미만' 사업체에서 도합 75.0%가 일하고 있다. '300인 이상' 대기업에서 일하는 사람은 고작 1.0%에 불과하다. 한 마디로, 중소 · 영세기업에 대부분이 취업하고 있다. 이러한 상황은 2012-2016년 사이에 변함없이 일정하다.

4. 임금 · 노동시간 · 근속 · 경력

<표 5-11>는 재한조선족 취업자의 월평균 임금수준과 주당노동시간을 각각 보여준다. 2016년 월평균 임금수준은 '100만원-200만원 미만' 45.9%, '200만원-300만원 미만' 43.3%, '300만원 이상' 7.2%,

'100만원 미만' 3.6%의 순이다. 2012년 이후 최근으로 올수록 '100만원-200만원 미만'의 구성비율은 급격히 줄어들고, 대신에 '200만원-300만원 미만'의 구성비율이 크게 높아지고 있다. 이는 조선족 취업자의 임금수준이 상승하고 있음을 가리킨다. 임금수준 상승은 그들의 숙련 축적과 관련이 있는데, 근속기간과 경력기간이 장기화되고 있다(표 5-12 참조).

한편, 조선족취업자의 주당노동시간은 매우 길다. 2016년의 경우, '40시간-50시간 미만' 38.7%, '60시간 이상' 32.6%, '50시간-60시간 미만' 20.7%의 순이다.[6] 즉, 취업자의 92.0%가 주당 40시간 이상 일하는 것으로 조사되었다. 이처럼 장시간 노동을 한다는 점을 고려한다면, 그들의 임금수준은 그다지 높은 편이 아니라고 할 수 있다.

<표 5-12>는 재한조선족 취업자의 근속과 경력 기간을 보여준다. 2016년 근속기간을 보면, '6개월 미만' 26.4%, '6개월-1년 미만' 17.0%, '1년-2년 미만' 26.3%, '2년-3년 미만' 13.5%, '3년 이상' 16.8%로 나타났다.[7] 즉, '1년 미만' 취업자 비율이 43.4%에 달해, 한 직장에서 오래 일하지 않음을 알 수 있다. 이는 그들의 종사상지

---

6) 2018년 6월까지 고용노동부는 주당 최대 노동시간을 68시간(법정 노동시간 40시간+합의 연장근로시간 12시간+토요일·일요일 추가근무시간 16시간)으로 해석했다. '근로기준법'이 정의하는 1주는 7일이 아니라 평일(5일)로 보고, 12시간 한도로 가능한 연장근로시간에 휴일 근로는 포함되지 않는다고 보았다. 그러나 2018년 7월 1일 시행된 개정 '근로기준법'에서 '1주일의 기준을 휴일을 포함한 7일'로 명시하였고, 그 결과 하루 8시간씩 5일, 여기에 휴일 근로를 포함해 연장근로 12시간을 더한 52시간이 1주에 일할 수 있는 주당 최대 노동시간이 되었다. '주 52시간 근무제도'는 300인 이상 사업장과 정부 및 공공기관에서는 2018년 7월 1일부터, 50-300인 미만 사업장에서는 2020년 1월부터 시행되었다. 5-50인 미만 사업장은 2021년 7월부터 시행될 예정이다.

7) 외국인노동자의 취업 목적이 높은 급여를 받는 데 있으므로, 임금수준이 조금이라도 높으면 그들은 기꺼이 이직을 선택한다. 재한조선족의 이직 형태를 살펴보면, 개인의 사회적 연결망이 강할수록, 관계 이질성이 높을수록, 이직 확률이 높다(박형기·김석호·이정환, 2014: 49-50).

위에서 임시·일용근로자 비율이 높은 것과도 관련이 있다. 그렇지만, 동일직업근무 경력 기간을 보면 사정이 달라진다. 2016년의 경우, '6개월 미만' 10.4%, '6개월-1년 미만' 10.1%, '1년-2년 미만' 15.9%, '2년-3년 미만' 13.8%, '3년 이상' 49.8%, 장기 경력자 비율이 거의 절반에 달한다. 이는 숙련 축적이 이루어지고 있음을 뜻한다. 시기별 근속기간의 변동은 거의 없으나, 경력기간에서 장기경력자의 비율이 꾸준히 상승하고 있음을 확인할 수 있다.

<표 5-12> 재한조선족 취업자의 근속과 경력 기간, 2012-2016년

(단위: %, 천명)

(N)	2012년 (352)	2013년 (326)	2014년 (383)	2015년 (432)	2016년 (437)
근속기간	100.0	100.0	100.0	100.0	100.0
6개월 미만	37.9	34.9	36.3	32.4	26.4
6개월-1년 미만	15.8	12.6	15.6	15.6	17.0
1년-2년 미만	27.4	19.3	18.3	22.2	26.3
2년-3년 미만	10.0	11.9	11.1	10.7	13.5
3년 이상	8.9	21.3	18.7	19.1	16.8
경력기간	100.0	100.0	100.0	100.0	100.0
6개월 미만	10.2	11.4	12.4	11.7	10.4
6개월-1년 미만	9.3	8.2	9.8	10.0	10.1
1년-2년 미만	26.0	15.5	17.1	18.1	15.9
2년-3년 미만	13.4	15.4	13.3	13.8	13.8
3년 이상	41.1	49.5	47.4	46.4	49.8

자료: 통계청, 『외국인고용조사』, 각 연도. 원자료 분석.

제6장

재한조선족 집거지역

재한조선족은 서울과 경기도 등 몇몇 군데에 소수자집단 밀집거
주지역(ethnic enclaves, 이하 집거지역)을 형성하고 있다. 그들이 집
거지역을 만든 과정과 형태를 살펴본다. 또한, 재한조선족 집거지역
주민의 삶을 조망하기 위해 2014년 서울·경기도 거주 조선족을 대
상으로 조사한 자료를 분석한다(설동훈·문형진·김윤태, 2014 참
조). 집거지역 주민의 '사회인구학적 특성'으로 성별·국적·지역규
모, 가족생활, 체류자격·체류기간을 고찰한다. 경제활동과 사회생
활로 취업 경험, 대인관계, 삶의 질을 다루기로 한다.

Ⅰ. 조선족 집거지역의 형성

재한조선족 집거지역은 1987년 조선족이 한국으로 재이주하기 시
작하고, 1992년 한·중 수교 이후 '코리안 드림'(韓国梦)을 꿈꾸며 그
규모가 급증하면서 바로 형성된 것은 아니었다. 재한조선족뿐만 아
니라 아시아 각국 출신 외국인노동자도 일터가 가깝고 물가가 싼 지
역을 선호하였고, 그 결과 옛 구로공단 지역에 외국출신 이주민이
모여들었다. 특히, 구로구 가리봉동은 많은 공장들이 산재해 있어
일자리를 찾기 쉬웠고, '벌집 형태의 싼 방', 즉 '쪽방'이 만들어져 있
었기 때문에, 이주민의 저렴한 정착지로 최적이었다. 집주인은 일반
주택을 개조하여 여러 개 쪽방을 만들었고, 입주민은 공동화장실을
사용하며 살아야 했다. 그만큼 주택 임대료는 저렴했다. 외국출신
이주민은 일자리를 쉽게 구할 수 있고 출퇴근이 용이하며, 주거비와
물가가 저렴한 곳에 주거지를 잡았다. 이러한 경향은 서울(가리봉

동·대림동·가산동·독산동, 자양동)뿐만 아니라 경기도(안산시 원곡동)와 인천(부평구, 남동구, 서구)에서도 동일하게 발견되었다(설동훈, 2002b; Seol, 2011; 김수현·방성훈, 2012; 이석준·김경민, 2014; 권오규·마강래·윤진희, 2014; 강진구·박재영, 2016; 김수정·이영민, 2017; 박우, 2017; 이호상·손승호, 2018; 고민경, 2019).

[그림 6-1] 서울 서남부 지역과 경기도 안산시 원곡동의 조선족거리

조선족 집거지역이 형성된 것은 1997년 아시아 외환위기 이후 경제적 형편이 나빠진 조선족이 더욱 저렴한 주거지를 찾아 모여든 데 제1차적 원인이 있다. 더구나, 2003년 '외국인근로자의 고용 등에 관한 법률'을 시행하면서, 기존 불법체류자를 합법화하였고, 또 조선족의 취업 기회를 확대함에 따라, 더 많은 조선족이 국내에 체류할 수 있게 되었다. 그러면서 서울 서남부 지역에 조선족 집거지가 만들어졌다(그림 6-1 참조).

재한조선족 집거지가 만들어진 과정은 연쇄이주(chain migration)로 설명할 수 있다. 1990년대 초부터 어떤 사람이 먼저 이주하여 가리봉동에 자리를 잡았고, 뒤에 이주한 그의 친척과 친구 및 고향사람이 그 지역에 합류하는 형태를 취했다. 연고 없는 낯선 땅에서 서로 의지하며 살아갈 수 있었기 때문이다. 재한조선족이 한 지역에 모여 살면서, 식품점·음식점·인력소개업체 등 편의시설이 하나둘 형성되어 집적되었고, 그에 따라 더 많은 사람들이 모여들었다. 고향 사람과 고향 음식이 그리운 사람들이 주말에 이곳에서 모임을 가지면서, 자연스레 이곳이 조선족의 중심지로 부상하였다. 1995년 금천구가 구로구에서 분구될 때 가리봉2~3동 남부순환로 이남지역은 가산동이 되었다. 그러면서 조선족 집거지역은 구로구 가리봉동과 더불어, 금천구 가산동·독산동으로 확대되었다.

재한조선족 인구가 급증하면서 영등포구 대림2동에 새로운 집거지역이 만들어졌다. 가리봉동·가산동·독산동에 살던 조선족 중 부를 축적하거나 보다 나은 환경을 선호하는 사람들이 이주하여 정착하기 시작했다. 가리봉동에 비해 주거환경이 깨끗했고, 편의시설도 잘 갖추어져 있었다. 서울지하철 2호선 대림역이 가까이 있어, 교통

[그림 6-2] 경기도 안산 원곡동의 여행사와 행정업무대행업체

도 매우 좋았다. 가리봉동이 재개발지역으로 지정되어 주택 개조·보수가 불가능해짐에 따라, 주거시설이 나날이 낙후되었고, 대림동으로 이주하는 사람이 더욱 증가하였다. 가족 단위로 이주한 조선족에게는 좀더 넓은 집이 필요했고, 부를 축적한 사람들이 집을 사기 시작하면서, 대림동 조선족 집거지역은 점점 더 확대되었다.

조선족은 이주 초기 가리봉동·가산동·독산동에 거주하였지만, 시간이 좀더 흘러 돈을 모아서 양질의 주거지를 찾으면서 영등포구 대림동과 광진구 자양동 등으로 주거지를 옮기는 형태를 취하였다(이석준·김경민, 2014; 고민경, 2019). 결과적으로, 가리봉동·가산동·독산동·대림동을 포괄하는 서울 서남부 지역에는 한국 최대의 조선족 집거지역이 만들어졌다. 이 지역에는 조선족이 선호하는 식품점·음식점·술집·찻집은 물론이고, 여가를 즐길 수 있는 오락실·마작방, 일자리를 소개해주는 인력소개업체, 여행사·화물운송서비스업체·행정업무대행업체 등 상점이 즐비하게 들어섰다(그림 6-2 참조). 또한 재한조선족을 대상으로 하는 무료 신문도 여럿 만들어졌다(그림 6-3 참조). 이 신문들은 조선족의 관심을 끄는 정부정책과 제도를 소개하고, 사회적 쟁점을 다루는 등 지역사회 여론 형성의 매개체로 기능하고 있다.

구로구 가리봉동, 금천구 가산동·독산동, 영등포구 대림2동이 서울 서남부 지역에 만들어진 조선족 집거지역이라면, 강북 지역에는 광진구 자양4동에 조선족 집거지역이 만들어졌다. 성수공단 업체에서 근무하는 사람들과 서울 강남과 동부 지역에 일터가 있는 조선족이 모여 사는 곳이었다. 가리봉동·가산동·독산동·대림동에 비해 늦게 만들어지면서, 이 지역 고유의 특성을 갖게 되었다. 가리봉동·

[그림 6-3] 조선족 대상 신문: '동포세계신문'과 '중국동포신문'

가산동·독산동·대림동 지역에는 기존 한국인 주민이 떠난 자리를
조선족이 채우면서 '조선족만의 주거지'가 만들어진 것과는 달리,
자양동에는 한국인과 조선족이 함께 생활하는 공간으로 개발되었다.
자양동 일대는 조선족문화특구로 개발되면서 '양꼬치거리'로 특화되
어 한국인이 자주 찾는 명소가 되었고, 중국인 유학생도 몰려들었다.
그 결과, 자양동에는 중국인과 재한조선족이 함께 거주하는 '중국국
적 이주민 집거지역'이 만들어졌다(이화용·이영민, 2018: 9). 이는
중국인이라는 동질성이 강조되고, 그 결과 인적 네트워크 형성에서
도 조선족이 한국인보다 중국인과 접촉기회를 확대시킬 가능성이
크다는 점에서 주목할 필요가 있다(이승은, 2016: 185).

경기도 안산시 원곡동에 조선족 집거지역이 만들어진 시기와 과
정은 가리봉동·가산동·독산동과 매우 유사하다. 원곡동은 반월공
단·시화공단과 가까운 곳이어서 일자리를 쉽게 구할 수 있다. 반월
공단·시화공단은 한국인이 기피하는 3D 업종 중소기업이 가장 많

[그림 6-4] 경기도 안산시 원곡동의 다문화 식료품점

이 모인 곳이어서, 임시·일용직 노동자 수요가 많다. 그래서 원곡동에는 수많은 인력소개업체가 성업 중이고, 따라서 외국출신 이주민은 이곳에서 일자리를 매우 용이하게 찾을 수 있다. 더구나, 지하철역이 가까이 있어 교통이 매우 편리하고, 반월공단·시화공단과 거리가 가까워 출퇴근 시간도 얼마 걸리지 않는다. 재한조선족뿐 아니라 동남아시아 출신 외국인노동자도 이 지역에 매우 많이 거주한다. 그래서 이 지역을 '다문화마을' 또는 '다문화거리'라고도 한다.

원곡동에는 한국인을 비롯해 재한조선족과 중국인, 베트남인·방글라데시인·인도네시아인·태국인·필리핀인·스리랑카인·네팔인·우즈베키스탄인·나이지리아인·케냐인 등이 함께 어울려 살아가고 있다. 주말에는 전국 각지에서 이주민이 모여들어 친구·친지를 만나기도 하고 생활필수품을 구해가기도 한다. 그 결과, 이주민 대상 음식점·식료품점·여행사·은행 등이 많이 들어서게 됐다. 상점 간판은 한국어와 더불어, 다양한 외국어로 표기되어 있다.

조선족은 원곡동 다문화주민 중 가장 인구가 많다. 원곡동에 조선족 집거지역이 만들어진 것도 '연쇄이주'로 설명할 수 있다. 조선족 한 명이 여기에 정착하였고, 그의 가족·친척, 친구, 고향사람이 따라와 정착하였다. 1990년대 초부터 1997년 아시아 외환위기를 거쳐, 2000년대 초 외국인 고용허가제 시행과 관련한 시기에 인구가 급증한 것 역시 동일하다.

II. 집거지역 조선족의 사회인구학적 특성

1. 성별 · 국적 · 지역규모

2014년 표본조사에 응답한 사람의 특성을 살펴보기 위해, 성별과 국적, 한국내 거주지역규모를 분석하였다.[1] <표 6-1>을 보면, 조사에 응한 377명 중 남자가 34.5%, 여자가 65.5%를 차지하여, 여자의 비율이 상대적으로 높다. 그들의 거주지역을 살펴보면, 278명이 서울에 거주하고 있고, 나머지 99명이 경기도와 기타지역에 거주하고 있다. 출신 지역의 경우 절대 다수인 351명이 둥베이(東北)3성 출신이고, 26명은 중국내 다른 지역에서 이주해왔다. 연령별 분포를 살펴보면, '50대 이상'이 280명으로 다수를 차지했고, '30-40대' 젊은 층이 97명이다. 이들의 교육수준은 '소학교 이하' 43명, '초중' 151명, '고중' 139명, '대학 이상' 44명으로, '초중'과 '고중'의 수가 단연 많고, '대학 이상' 고학력자는 상대적으로 적다.

<표 6-2>에서 국적 분포를 살펴보면, 중국 국적이 절대 다수인 89.4%이고, 한국 국적을 취득한 사람이 10.3%다. 중국내 출신지역별 국적취득자 비율을 보면, 둥베이3성 출신은 11.1%이지만, 베이징 · 상하이 · 칭다오 등 기타지역 출신은 0%로 나타났다. 중국내 사업기회가 많은 사람은 구태여 한국국적 취득을 원하지 않음을 알 수 있다. 연령별로는 '60대 이상'의 국적취득률이 15.2%에 달해, 가장 높다. 고령자가 한국국적을 취득하여 사회복지 혜택을 받으려 하는 현상을 보여준다. '40대 여성'의 국적취득률이 11.9%로 비교적 높

---

1) 모집단이 아니라 '분석에 사용한 표본자료'의 특성이다.

<표 6-1> 성별, 2014년

(단위: %, 명)

	(N)	남자	여자	계
전체	(377)	34.5	65.5	100.0
거주지역				
서울	(278)	30.9	69.1	100.0
경기·기타	(99)	44.4	55.6	100.0
출신지역				
둥베이3성	(351)	35.3	64.7	100.0
기타	(26)	23.1	76.9	100.0
연령				
30대 이하	(38)	60.5	39.5	100.0
40대	(59)	42.4	57.6	100.0
50대	(148)	31.1	68.9	100.0
60대 이상	(132)	27.3	72.7	100.0
교육수준				
소학교 이하	(43)	2.3	97.7	100.0
초중	(151)	37.1	62.9	100.0
고중	(139)	37.4	62.6	100.0
대학 이상	(44)	47.7	52.3	100.0

<표 6-2> 국적, 2014년

(단위: %, 명)

	(N)	중국	한국	제3국	계
전체	(377)	89.4	10.3	0.3	100.0
거주지역					
서울	(278)	89.9	10.1	0.0	100.0
경기·기타	(99)	87.9	11.1	1.0	100.0
출신지역					
둥베이3성	(351)	88.6	11.1	0.3	100.0
기타	(26)	100.0	0.0	0.0	100.0
연령					
30대 이하	(38)	89.5	7.9	2.6	100.0
40대	(59)	88.1	11.9	0.0	100.0
50대	(148)	93.9	6.1	0.0	100.0
60대 이상	(132)	84.8	15.2	0.0	100.0
교육수준					
소학교 이하	(43)	83.7	16.3	0.0	100.0
초중	(151)	86.8	12.6	0.7	100.0
고중	(139)	92.1	7.9	0.0	100.0
대학 이상	(44)	95.5	4.5	0.0	100.0

(단위: %, 명)

	(N)	동부	읍부	면부	계
전체	(377)	92.0	5.0	2.9	100.0
거주지역					
서울	(278)	98.6	0.7	0.7	100.0
경기·기타	(99)	73.7	17.2	9.1	100.0
출신지역					
둥베이3성	(351)	92.0	4.8	3.1	100.0
기타	(26)	92.3	7.7	0.0	100.0
연령					
30대 이하	(38)	92.1	5.3	2.6	100.0
40대	(59)	91.5	3.4	5.1	100.0
50대	(148)	90.5	6.8	2.7	100.0
60대 이상	(132)	93.9	3.8	2.3	100.0
교육수준					
소학교 이하	(43)	93.0	4.7	2.3	100.0
초중	(151)	90.7	6.0	3.3	100.0
고중	(139)	92.1	5.0	2.9	100.0
대학 이상	(44)	95.5	2.3	2.3	100.0

은 것은 '결혼이민'을 한 사람이 상대적으로 많기 때문으로 여겨진다. 교육수준별로는, '소학교 이하'와 '초중' 학력을 가진 사람의 국적취득률이 '고중'과 '대학 이상' 학력자보다 더 높다. 저학력자와 고연령층이 겹치는 경우가 많다는 점을 고려할 때, 복지 수혜 기대와 관련지어 해석할 수 있다.

<표 6-3>에서 한국 내 거주 지역규모를 살펴보면, 도시(동부)에 절대 다수인 92.0%, 농촌(읍면부)에 7.9%가 거주하고 있다.[2] 중국의 출신지역에 따른 농촌과 도시 거주 비율 차이는 없다. 교육수준별로는 고학력자일수록 도시 거주 비율이 높다.

---

2) 거주지 주소가 '동'인 도시지역은 동부(洞部)로, '읍' 또는 '면'인 농촌지역은 읍면부(邑面部)로 표기한다.

2. 가족생활

집거지역 조선족의 혼인상태와 배우자의 한국 거주 여부, 배우자의 국적, 일상생활에서 사용하는 언어를 기준으로 가족생활을 분석하기로 한다. <표 6-4>를 보면, 응답자 중 75.3%가 기혼이고, 미혼 6.4%, 이혼 6.4%, 사별 11.9%다. 연령별로는 40-50대의 기혼자 비율이 높다. 그리고 '40대'의 이혼자 비율이 다른 집단보다 단연 높다.[3] '60대 이상'에서는 배우자와의 사별이 28.5%로, 상대적으로 높

<표 6-4> 혼인상태, 2014년

(단위: %, 명)

	(N)	기혼	미혼	이혼	사별	계
전체	(361)	75.3	6.4	6.4	11.9	100.0
거주지역						
서울	(264)	73.9	6.4	7.2	12.5	100.0
경기·기타	(97)	79.4	6.2	4.1	10.3	100.0
출신지역						
둥베이3성	(335)	76.1	6.3	6.3	11.3	100.0
기타	(26)	65.4	7.7	7.7	19.2	100.0
연령						
30대 이하	(38)	47.4	50.0	2.6	0.0	100.0
40대	(59)	83.1	3.4	10.2	3.4	100.0
50대	(141)	85.1	1.4	9.2	4.3	100.0
60대 이상	(123)	69.1	0.0	2.4	28.5	100.0
교육수준						
소학교 이하	(40)	57.5	0.0	5.0	37.5	100.0
초중	(144)	81.3	2.1	5.6	11.1	100.0
고중	(134)	82.8	3.7	8.2	5.2	100.0
대학 이상	(43)	48.8	34.9	4.7	11.6	100.0

---

3) 조선족의 이혼 사유로는 문화 차이가 중요하다. 특히, 국제결혼을 한 사람 중 '같은 언어와 문화를 가진' 민족이라는 동질성을 가지고 출발했지만, 문화 차이를 극복하지 못한 사람이 적지 않다. 조선족 여성은 한국 남성의 가부장적 사고체계와 시부모와의 갈등을 힘들어하고, 한국 남성은 조선족 아내의 낭비와 애교 부족 등이 기대에 미치지 못한다고 지적한다(신영화, 2002: 20-21).

다. 교육수준별로는 '소학교 이하' 집단의 사별 비율이 37.5%로 매우 높은데, 이는 그들이 고연령층이라는 점과 밀접한 관련이 있다.

<표 6-5>에서 응답자의 72.3%가 한국에서 배우자와 함께 생활한다고 응답하여, 재한조선족의 국내 체류형태가 돈을 벌기 위해 단신(單身) 입국하여 생활하는 단계를 탈피하여, 가족 단위로 거주하는 사람이 많음을 알 수 있다. 1980년대 말과 1990년대 초 친·인척 초청 이주가 주류를 이루었을 때는, 항공료와 체재비 등 비용 문제도 있었지만, 제도적으로 '초대받은 사람'만 입국할 수 있었다. 즉, '연고동포'만 가족을 동반하지 못한 채 한국에 오는 것이 일반적이었다. 한국정부는 2007년 3월 외국국적동포 방문취업제 시행으로 '무연고동포'에게도 국내 취업 문호를 개방한데 이어, 2012년 4월 재외동포

<표 6-5> 배우자의 한국 거주 여부, 2014년

(단위: %, 명)

	(N)	예	아니오	계
전체	(271)	72.3	27.7	100.0
거주지역				
서울	(194)	75.3	24.7	100.0
경기·기타	(77)	64.9	35.1	100.0
출신지역				
둥베이3성	(254)	71.3	28.7	100.0
기타	(17)	88.2	11.8	100.0
연령				
30대 이하	(18)	72.2	27.8	100.0
40대	(49)	85.7	14.3	100.0
50대	(120)	78.3	21.7	100.0
60대 이상	(84)	56.0	44.0	100.0
교육수준				
소학교 이하	(22)	54.5	45.5	100.0
초중	(117)	70.9	29.1	100.0
고중	(111)	77.5	22.5	100.0
대학 이상	(21)	71.4	28.6	100.0

(F-4)와 방문취업(H-2) 체류자격자의 미성년 자녀 동반을 허용하였으며, 2015년 4월에는 배우자 동반도 허용하였다(표 4-3, 표 4-4 참조). 즉, 2015년 이후에는 재한조선족이 일정 기간 취업 후 목돈을 마련하면 배우자를 초청하여 함께 거주하는 사례가 급증하였다. 양질의 교육기회를 좇아, 미성년 자녀까지 초청하는 사람도 늘었다. 그러면서 이주 형태가 '단신이주'에서 '가족이주'로 변모하였다.

재한조선족의 배우자 국적은 연령별로 차이가 뚜렷하다(표 6-6). 고령층은 '중국국적 조선족' 비율이 압도적으로 높고('60대 이상' 89.3%, '50대' 91.7%), '30대 이하' 젊은층에서도 '중국국적 조선족' 비율이 77.8%에 달한다. 그렇지만 나이가 젊을수록 족내혼(endogamy)

<표 6-6> 배우자의 국적, 2014년

(단위: %, 명)

	(N)	중국국적 조선족	중국국적 한족	한국 (국적취득)	한국 (한국출생)	기타 국적	계
전체	(271)	88.2	2.2	6.3	3.0	0.4	100.0
거주지역							
서울	(194)	89.2	2.1	6.7	2.1	0.0	100.0
경기·기타	(77)	85.7	2.6	5.2	5.2	1.3	100.0
출신지역							
둥베이3성	(254)	88.2	2.4	6.3	2.8	0.4	100.0
기타	(17)	88.2	0.0	5.9	5.9	0.0	100.0
연령							
30대 이하	(18)	77.8	16.7	0.0	5.6	0.0	100.0
40대	(49)	81.6	4.1	6.1	8.2	0.0	100.0
50대	(120)	91.7	0.8	6.7	0.8	0.0	100.0
60대 이상	(84)	89.3	0.0	7.1	2.4	1.2	100.0
교육수준							
소학교 이하	(22)	77.3	4.5	13.6	0.0	4.5	100.0
초중	(117)	88.9	0.9	7.7	2.6	0.0	100.0
고중	(111)	89.2	3.6	3.6	3.6	0.0	100.0
대학 이상	(21)	90.5	0.0	4.8	4.8	0.0	100.0

비율이 낮아짐 또한 확인할 수 있다. '30대 이하' 집단에서 배우자가 '중국국적 한족'이 사람은 16.7%에 달한다.

<표 6-7> 일상 언어, 2014년

(단위: %, 명)

	(N)	중국어	한국어	영어	기타 언어	계
전체	(377)	21.0	77.7	0.3	1.1	100.0
거주지역						
서울	(278)	23.0	75.5	0.4	1.1	100.0
경기·기타	(99)	15.2	83.8	0.0	1.0	100.0
출신지역						
둥베이3성	(351)	20.8	77.8	0.3	1.1	100.0
기타	(26)	23.1	76.9	0.0	0.0	100.0
연령						
30대 이하	(38)	50.0	47.4	0.0	2.6	100.0
40대	(59)	23.7	74.6	1.7	0.0	100.0
50대	(148)	18.2	81.1	0.0	0.7	100.0
60대 이상	(132)	14.4	84.1	0.0	1.5	100.0
교육수준						
소학교 이하	(43)	11.6	86.0	0.0	2.3	100.0
초중	(151)	15.2	82.1	0.7	2.0	100.0
고중	(139)	21.6	78.4	0.0	0.0	100.0
대학 이상	(44)	47.7	52.3	0.0	0.0	100.0

이주민이 일상생활에서 주로 사용하는 언어는 그 사회 정착 수준을 측정할 수 있는 좋은 지표다. 재한조선족은 중국에서 한국어를 자유롭게 구사하던 사람이 대부분이라, 다른 나라 출신 이주민과는 달리 접근할 필요가 있기는 하지만, 한국어를 '일상생활 언어'로 사용한다는 것은 그만큼 한국생활에 잘 적응하고 있는 것으로 파악할 수 있다. <표 6-7>에서 보듯이, 응답자 중 77.7%가 일상생활에서 한국어를 사용하고, 21.0%는 중국어를 사용한다. 이를 반영하여, 재한조선족 집거지역 신문은 모두 한국어로 발행되고 있다(그림 6-3 참

조). 연령별 일상 언어 사용 실태를 살펴보면, 나이가 많을수록 한국어 사용 비율이 높고('30대 이하' 47.4%, '40대' 74.6%, '50대' 81.1%, '60대 이상' 84.1%), 나이가 젊을수록 중국어 사용 비율이 높다('30대 이하' 50.0%, '40대' 23.7%, '50대' 18.2%, '60대 이상' 14.4%). 이러한 현상은 교육수준별로도 발견되는데, 교육수준이 높을수록 중국어 사용 비율이 높았고, 교육수준이 낮을수록 한국어 사용 비율이 높다. 연령과 교육수준의 상관관계가 높다는 점을 고려하여 해석하는 게 바람직하다. 즉, 고연령·저학력자는 한국어 사용 비율이 높고, 저연령·고학력자는 중국어 사용 비율이 높다. 최근 중국의 국력이 부쩍 신장되어 '중국어 구사 능력'이 개인의 인적자본으로 기능하고 있음을 고려하면, 젊은이들이 중국어를 사용하는 것은 더욱 늘어날 가능성이 있다고 본다.

3. 체류자격·체류기간

응답자의 체류자격은 방문취업(H-2)이 33.6%로 가장 높고, 그 다음으로는 재외동포(F-4) 29.6%, 영주(F-5) 11.3%, 결혼이민(F-2-1, F-6) 3.8%의 순이다. 이는 <표 5-9>에서 살펴본 모집단의 분포와 동일하다.

연령별 분포를 살펴보면, 방문취업(H-2) 비율은 '30대 이하' 36.8%, '40대' 45.6%, '50대' 46.3%, '60대 이상' 11.4%로, 40-50대에서 상대적으로 높다. 재외동포(F-4) 비율은 '30대 이하' 28.9%, '40대' 17.5%, '50대' 23.5%, '60대 이상' 43.0%로, 60대 이상 고령층에서 단연 높다. 영주(F-5) 비율은 '30대 이하' 18.4%, '40대' 10.5%, '50대' 14.0%, '60대 이상' 6.1%로, 30대 이하 청년층에서 상대적으로

높다. 이는 한국정부가 전문직종사자와 고학력자에게 영주 체류자격을 발급하고 있는 것과 관련 있다. 결혼이민(F-2-1, F-6) 비율은 '30대 이하' 0.0%, '40대' 8.8%, '50대' 3.7%, '60대 이상' 2.6%로, 40대에서 상대적으로 높다.

<표 6-8> 체류자격, 2014년

(단위: %, 명)

	(N)	단기 체류	산업 연수	비전문 취업	방문 취업	방문 동거	결혼 이민	재외 동포	영주	기타 사증	없음(밀입국)	비해당 (한국적)	계
전체	(345)	2.9	0.3	1.2	33.6	1.2	3.8	29.6	11.3	3.5	1.4	11.3	100.0
거주지역													
서울	(254)	3.1	0.4	1.2	34.3	0.8	3.9	29.5	10.6	4.7	0.4	11.0	100.0
경기·기타	(91)	2.2	0.0	1.1	31.9	2.2	3.3	29.7	13.2	0.0	4.4	12.1	100.0
출신지역													
둥베이3성	(322)	2.8	0.3	1.2	34.5	1.2	3.4	28.0	11.5	3.4	1.6	12.1	100.0
기타	(23)	4.3	0.0	0.0	21.7	0.0	8.7	52.2	8.7	4.3	0.0	0.0	100.0
연령													
30대 이하	(38)	2.6	0.0	0.0	36.8	0.0	0.0	28.9	18.4	5.3	0.0	7.9	100.0
40대	(57)	3.5	0.0	0.0	45.6	0.0	8.8	17.5	10.5	1.8	0.0	12.3	100.0
50대	(136)	2.2	0.7	1.5	46.3	0.7	3.7	23.5	14.0	0.7	0.0	6.6	100.0
60대 이상	(114)	3.5	0.0	1.8	11.4	2.6	2.6	43.0	6.1	7.0	4.4	17.5	100.0
교육수준													
소학교 이하	(35)	0.0	0.0	5.7	22.9	2.9	0.0	31.4	5.7	5.7	5.7	20.0	100.0
초중	(139)	2.9	0.0	0.7	36.0	2.2	4.3	28.1	8.6	2.2	1.4	13.7	100.0
고중	(127)	3.1	0.8	0.8	37.8	0.0	3.9	29.1	12.6	2.4	0.8	8.7	100.0
대학 이상	(44)	4.5	0.0	0.0	22.7	0.0	4.5	34.1	20.5	9.1	0.0	4.5	100.0

<표 6-9>에서 '처음 한국에 입국한 연도'를 살펴보면, '2006년 이전' 53.8%, '2007-2009년' 19.4%, '2010년' 5.4%, 2011년 7.3%, 2012년 3.7%, 2013년 5.4%, 2014년 5.1%로 나타났다. '2006년 이전' 처음 한국에 왔다는 응답자가 절반을 넘을 정도로, 장기체류자

가 많다. 특히, '60대 이상' 고연령층은 2006년 이전에 입국한 사람들이 66.7%에 달한다. 대조적인 집단은 '대학 이상'의 고학력자 집단인데, 최근에 입국한 사람의 비율이 상대적으로 높다.

<표 6-9> 처음 한국에 입국한 연도, 2014년

(단위: %, 명)

	(N)	2006년 이전	2007-2009년	2010년	2011년	2012년	2013년	2014년	계
전체	(355)	53.8	19.4	5.4	7.3	3.7	5.4	5.1	100.0
거주지역									
서울	(263)	52.1	19.8	5.3	7.6	4.2	5.3	5.7	100.0
경기 · 기타	(92)	58.7	18.5	5.4	6.5	2.2	5.4	3.3	100.0
출신지역									
둥베이3성	(329)	54.4	19.5	4.6	7.6	3.3	5.5	5.2	100.0
기타	(26)	46.2	19.2	15.4	3.8	7.7	3.8	3.8	100.0
연령									
30대 이하	(38)	13.2	18.4	13.2	23.7	10.5	13.2	7.9	100.0
40대	(58)	51.7	20.7	5.2	8.6	10.3	1.7	1.7	100.0
50대	(142)	54.9	23.2	6.3	6.3	0.0	4.9	4.2	100.0
60대 이상	(117)	66.7	14.5	1.7	2.6	2.6	5.1	6.8	100.0
교육수준									
소학교 이하	(38)	57.9	13.2	2.6	7.9	7.9	5.3	5.3	100.0
초중	(140)	55.7	19.3	5.0	8.6	2.9	4.3	4.3	100.0
고중	(134)	56.7	20.9	5.2	4.5	3.0	4.5	5.2	100.0
대학 이상	(43)	34.9	20.9	9.3	11.6	4.7	11.6	7.0	100.0

체류기간은 '1년 미만' 37.2%, '1년-2년 미만' 24.2%, '2년-3년 미만' 12.3%, '3년-4년 미만' 7.1%, '4년 이상' 19.3%로 조사되었다 (표 6-10). '최초 입국 연도'의 결과와 관련지어 보면, 그들이 계속 한국에 체류한 것이 아니라, 그 사이에 중국에 돌아갔다가 다시 한국에 온 사람이 대부분이라는 것을 알 수 있다. 즉, 체류기간 '4년

이상' 장기체류자는 19.3%에 불과하고, 나머지 80.7%는 4년 미만 단기체류자로 파악된다. 평균체류기간을 고찰하면, '소학교 이하' 41 개월, '60대 이상' 38개월로, 저학력·고연령층의 체류기간이 상대적으로 길다. 대조적으로 '30대 이하'의 평균체류기간은 9개월, '대학 이상'은 22개월로 나타나, 고학력·저연령층의 체류기간이 상대적으로 짧다.

<표 6-10> 체류기간, 2014년

(단위: %, 명, 개월)

	(N)	1년 미만	1년-2년 미만	2년-3년 미만	3년-4년 미만	4년 이상	계	평균 (개월)
전체	(269)	37.2	24.2	12.3	7.1	19.3	100.0	29
거주지역								
서울	(195)	40.0	20.0	12.3	6.7	21.0	100.0	31
경기·기타	(74)	29.7	35.1	12.2	8.1	14.9	100.0	24
출신지역								
둥베이3성	(251)	35.9	23.9	12.7	7.2	20.3	100.0	30
기타	(18)	55.6	27.8	5.6	5.6	5.6	100.0	10
연령								
30대 이하	(29)	58.6	20.7	17.2	3.4	0.0	100.0	9
40대	(45)	40.0	22.2	15.6	13.3	8.9	100.0	25
50대	(103)	32.0	27.2	11.7	5.8	23.3	100.0	28
60대 이상	(92)	34.8	22.8	9.8	6.5	26.1	100.0	38
교육수준								
소학교 이하	(28)	28.6	17.9	25.0	10.7	17.9	100.0	41
초중	(97)	37.1	26.8	10.3	5.2	20.6	100.0	28
고중	(105)	35.2	24.8	11.4	6.7	21.9	100.0	29
대학 이상	(39)	48.7	20.5	10.3	10.3	10.3	100.0	22

Ⅲ. 경제활동과 사회생활

1. 취업 경험

재한조선족에게 취업은 생존과 직결되는 사안이다. 돈을 벌기 위해 낯선 한국 땅으로 이주했기에, 그들의 각오는 남다르다. 한국인이 취업을 기피하는 3D업종의 일자리에 과감하게 뛰어들고 있다. 돈만 벌 수 있다면 어떤 일도 하겠다는 자세다.

<표 6-11> 취업 상태, 2014년

(단위: %, 명)

	(N)	취업하여 일하고 있다	현재는 일하지 않으나 일한 적 있다	일한 적 없으나 앞으로 일할 계획이다	일한 적 없고 일할 계획도 없다	계
전체	(348)	60.9	27.6	6.6	4.9	100.0
거주지역						
서울	(258)	57.0	31.0	7.4	4.7	100.0
경기·기타	(90)	72.2	17.8	4.4	5.6	100.0
출신지역						
둥베이3성	(323)	60.1	28.5	6.2	5.3	100.0
기타	(25)	72.0	16.0	12.0	0.0	100.0
연령						
30대 이하	(37)	54.1	32.4	10.8	2.7	100.0
40대	(58)	72.4	19.0	5.2	3.4	100.0
50대	(139)	69.1	23.0	5.8	2.2	100.0
60대 이상	(114)	47.4	36.0	7.0	9.6	100.0
교육수준						
소학교 이하	(34)	35.3	44.1	11.8	8.8	100.0
초중	(139)	64.0	25.9	5.8	4.3	100.0
고중	(132)	68.2	22.7	6.8	2.3	100.0
대학 이상	(43)	48.8	34.9	4.7	11.6	100.0

<표 6-11>에서 취업 상태를 보면, 조사에 응답한 사람 348명은 '취업하여 일하고 있다' 60.9%, '현재는 일하지 않으나 일한 적 있다' 27.6%, '일한 적 없으나 앞으로 일할 계획이다' 6.6%, '일한 적 없고 일할 계획도 없다' 4.9%의 분포를 보인다. 현재 일하고 있거나 앞으로 취업하려는 사람이 67.5%에 달한다. '현재는 일하지 않으나 일한 적 있다'는 응답자를 잠재적 취업 수요층으로 분류하면, '일한 적 없고 일할 계획도 없다'라는 4.9%를 제외한, 나머지 95.1%가 취업에 관심 있는 것으로 파악된다.

연령과 학력 집단별로 '취업하여 일하고 있다'는 비율, 즉 고용률(employment to population ratio)을 비교·분석하기로 한다. 연령별로는 '30대 이하' 54.1%, '40대' 72.4%, '50대' 69.1%, '60대 이상' 47.4%로, 50 이하의 고용률이 높다. 교육수준별로는 '소학교 이하' 35.3%, '초중' 64.0%, '고중' 68.2%, '대학 이상' 48.8%로, 중등학교 졸업자의 고용률이 상대적으로 높다.

<표 6-12>에서 재한조선족이 종사하고 있는 직업을 살펴보면, 가사도우미 21.3%, 음식점종업원 19.4%, 제조업노동자 16.2%, 건설노동자 15.2%, 간병인 7.0%, 단순노무자 4.4%, 농축산노동자 4.1%, 판매직종사자 1.9%, 준전문직종사자 1.3%, 사무직종사자 1.0%, 서비스직종사자 0.6%, 어업노동자 0.3%, 전문가 0.3%, 기타 7.0%의 분포를 보인다.[4] 조선족 남성의 직업은 건설노동자, 제조업노동자가 많고, 여성은 가사도우미, 음식점종업원, 간병인 등이 많다.

---

[4] 모집단 비율과 별로 다르지 않다. 2016년 조선족 취업자의 직업은 '기능원·기계조작 및 조립 종사자'(37.9%), '단순노무종사자'(37.1%), '서비스·판매 종사자'(18.7%), '사무 종사자'(3.0%), '관리자·전문가 및 관련 종사자'(2.7%), '농림어업 숙련 종사자'(0.6%)의 순이다(표 5-10 참조).

<표 6-12> 직업, 2014년

(단위: %, 명)

	(N)	제조 업노 동자	농축 산 노 동자	어업 노동 자	건설 노동 자	음식 점 종 업원	간 병 인	가사 도우 미	단순 노무 자	서비 스직 업	판 매 직	준전 문직 업	사 무 직	전 문 가	기 타	계
전체	(315)	16.2	4.1	0.3	15.2	19.4	7.0	21.3	4.4	0.6	1.9	1.3	1.0	0.3	7.0	100.0
거주지역																
서울	(231)	11.3	4.3	0.4	16.0	20.8	6.9	25.1	3.9	0.4	1.7	1.7	0.9	0.0	6.5	100.0
경기·기타	(84)	29.8	3.6	0.0	13.1	15.5	7.1	10.7	6.0	1.2	2.4	0.0	1.2	1.2	8.3	100.0
출신지역																
둥베이3성	(290)	16.2	4.1	0.3	16.2	19.3	7.2	19.7	4.5	0.7	2.1	1.4	1.0	0.3	6.9	100.0
기타	(25)	16.0	4.0	0.0	4.0	20.0	4.0	40.0	4.0	0.0	0.0	0.0	0.0	0.0	8.0	100.0
연령																
30대 이하	(33)	54.5	0.0	0.0	6.1	12.1	0.0	0.0	0.0	0.0	6.1	3.0	3.0	3.0	12.1	100.0
40대	(54)	18.5	3.7	0.0	20.4	24.1	1.9	3.7	7.4	1.9	5.6	1.9	3.7	0.0	7.4	100.0
50대	(135)	12.6	0.7	0.7	16.3	25.2	9.6	23.7	3.7	0.0	0.7	1.5	0.0	0.0	5.2	100.0
60대 이상	(93)	6.5	10.8	0.0	14.0	10.8	8.6	35.5	5.4	1.1	0.0	0.0	0.0	0.0	7.5	100.0
교육수준																
소학교 이하	(24)	8.3	8.3	0.0	0.0	16.7	16.7	25.0	12.5	0.0	0.0	0.0	0.0	0.0	12.5	100.0
초중	(127)	15.0	5.5	0.0	19.7	21.3	4.7	22.8	5.5	0.8	0.0	1.6	0.0	0.0	3.1	100.0
고중	(125)	15.2	2.4	0.8	16.0	20.0	6.4	24.8	2.4	0.8	3.2	1.6	0.8	0.0	5.6	100.0
대학 이상	(39)	28.2	2.6	0.0	7.7	12.8	10.3	2.6	2.6	0.0	5.1	0.0	5.1	2.6	20.5	100.0

　　남성이 주로 취업하는 건설노동자와 제조업노동자는 연령과 교육 수준별로 그 차이가 뚜렷하다. 건설노동자 비율은, 연령별로 '30대 이하' 6.1%, '40대' 20.4%, '50대' 16.3%, '60대 이상' 14.0%로, 40 대 이상에서 높다. 교육수준별 건설노동자 비율은, '소학교 이하' 0.0%, '초중' 19.7%, '고중' 16.0%, '대학 이상' 7.7%로, 초중과 고 중 학력자에서 그 비율이 높다. 제조업노동자 비율은, 연령별로 '30 대 이하' 54.5%, '40대' 18.5%, '50대' 12.6%, '60대 이상' 6.5%로, '30대 이하' 청년층에서 특히 높다. 교육수준별 제조업노동자 비율 은, '소학교 이하' 8.3%, '초중' 15.0%, '고중' 15.2%, '대학 이상' 28.2%로, 대학 이상 고학력자에서 그 비율이 높다. 고연령·중등학

력자가 건설업에 주로 취업하고, 저연령·고학력자는 주로 제조업체에서 일한다.

여성 직종은 가사도우미·간병인과 음식점종업원으로 대별된다. 가사도우미 비율은, 연령별로 '30대 이하' 0.0%, '40대' 3.7%, '50대' 23.7%, '60대 이상' 35.5%로, 50대 이상에서 그 비율이 높다. 교육수준별 가사도우미 비율은, '소학교 이하' 25.0%, '초중' 22.8%, '고중' 24.8%, '대학 이상' 2.6%로, 고중 이하에서 그 비율이 높다. 조선족 여성 중 가사도우미로 일하는 비율이 높은 것은, 언어와 풍습이 같고, 입주가 가능하며, 50대 이상 중·고령층이 대규모로 유입된 결과로 볼 수 있다(이혜경, 2004: 121). 간병인 비율은, 연령별로 '30대 이하' 0.0%, '40대' 1.9%, '50대' 9.6%, '60대 이상' 8.6%로, 50대 이상이 많다. 교육수준별 간병인 비율은, '소학교 이하' 16.7%, '초중' 4.7%, '고중' 6.4%, '대학 이상' 10.3%로, 소학교 이하에서 그 비율이 높다. 가사도우미와 간병인은 직무 내용뿐 아니라 취업 형태가 유사하다.

음식점종업원 비율은, 연령별로 '30대 이하' 12.1%, '40대' 24.1%, '50대' 25.2%, '60대 이상' 10.8%로, 50대 이하에서 그 비율이 높다. 교육수준별 음식점종업원 비율은, '소학교 이하' 16.7%, '초중' 21.3%, '고중' 20.0%, '대학 이상' 12.8%로, 고중 이하에서 그 비율이 높다. 음식점종업원은, 가사도우미·간병인과 비교할 때, 상대적으로 저연령·고학력층에서도 종사하는 비율이 높다.

조선족이 일자리를 찾는 방법은 다양하지만, 고용노동부에서 제공하는 워크넷(www.work.go.kr)을 이용하기도 하고, 구인광고를 보고 지원하기도 한다. 인력소개업체 또는 직업소개소를 통해 일자리

[그림 6-5] 서울 영등포구 대림동과 경기도 안산시 원곡동의 조선족 인력소개업체

를 찾기도 하고, 아는 사람을 통해 직업을 구하는 사람도 있다. 새벽 인력시장에서 일자리를 찾는 사람도 있다. 대체로 저연령·고학력자는 워크넷을 이용하고, 고연령·저학력자는 인력소개업체나 새벽인력시장을 주로 이용한다. 그 결과, 조선족 집거지역에는 거의 공통적으로 인력소개업체가 대량 입주해 있다(그림 6-5 참조). 건설 노동시장에서는 조선족이 '오야지'라고 불리는 중간관리자로 인력 공급업자 역할을 하기도 한다. 그들은 새벽인력시장에서 노동자를 구해서 봉고차에 태워 건설현장에 배치한다(설동훈·김명아·박우·주종섭, 2018).

2. 대인관계

사람들은 혼자서 살 수 없다. 누군가와 더불어 살아갈 수밖에 없다. 한국으로 이주한 재한조선족도 예외가 아니다. 낯선 한국으로 이주한 이후 새로운 환경에 적응하고 정착하는 과정에서 많은 사람을 만나고 있다. 어렵고 힘들 때 누구와 연락하고 누구를 찾느냐는 것은 그들의 마음이 어디에 머무르고 있는지를 나타낸다. 비록 몸은 한국에 있지만 중국에 있는 가족과 긴밀하게 연락하는 사람도 있고, 한국에 있는 고향 친구와 어울리기도 하며, 새로 사귄 한국인 친구와 잘 지내기도 한다. 이주민이 누구와 어떻게 어울리는가는 그의 사회 적응 수준을 반영한다. 한국에서 조선족이 중국한족과 주로 어울린다면 민족성보다 중국에서의 관계를 중시하는 것이고, 교류 상대가 가족, 친·인척에 국한되어 있으면 혈연적 울타리에 의존한 나머지 사회성이 떨어지는 것으로 파악할 수 있을 것이며, 재한조선족과만 어울린다면 그 역시 사회적 네트워크의 확장성에 한계가 뚜렷하다. 그러므로 '이주민이 한국인과 교류하는 정도'는 조선족의 한국사회 적응과 인적 네트워크 확대와 관련하여 중요하게 다루어질 수 있다.

<표 6-13>은 조선족이 정기적으로 참석하는 모임을 보여준다. '조선족 사회·종교단체' 55.6%, '조선족 친구·친인척모임' 48.1%, '한국인 사회·종교단체' 8.4%, '한국인 친구·직장동료모임' 5.9%, '중국한족 친구·친인척모임' 3.8%, '중국한족 사회·종교단체' 1.3%의 순이다.

'조선족 사회·종교단체'나 '조선족 친구·친인척모임'에 참여하는 사람의 비율이 상대적으로 높다. 그들이 조선족 집거지역에 거주하고 있음을 고려하면, 이러한 조사 결과는 전혀 놀랍지 않다. 한국에서의 유사한 처지와 비슷한 특성이 자국인 연결망을 선호하는 요인으로 작용하고 있다(정영탁·김석호·이민아, 2016: 12). '소학교 이하' 저학력자 집단은 조선족과의 교류는 활발하지만, 한국인과의 교류는 거의 없다. 반면, '대학 이상' 고학력자 집단은 조선족과의

교류는 약간 저조하지만, 한국인과의 교류는 상대적으로 활발하다. '한국인 친구·직장동료모임' 참여 비율을 보면, '소학교 이하' 0%, '초중' 3.1%, '고중' 8.1%, '대학 이상' 11.9%다. 연령별 '한국인 친구·직장동료모임' 참여 비율은, '30대 이하' 5.6%, '40대' 12.1%, '50대' 4.8%, '60대 이상' 3.9%이다. 요컨대, 재한조선족은 '조선족 사회·종교단체'나 '조선족 친구·친인척모임'을 중심으로 대인관계를 맺고, 한국인 친구·직장동료와는 만남을 지속하지 못하고 있는 것으로 파악할 수 있다(이정은, 2012 참조). 그러한 점에서, 한국인과의 교류와 만남을 가질 수 있는 기회를 확충하는 게 중요하다.

<표 6-13> 정기적으로 참석하는 모임(복수응답), 2014년

(단위: %, 명)

	(N)	조선족 친구·친인척모임	조선족 사회·종교단체	한족 친구·친인척모임	한족 사회·종교단체	한국인 친구·직장동료모임	한국인 사회·종교단체	기타
전체	(320)	48.1	55.6	3.8	1.3	5.9	8.4	3.1
거주지역								
서울	(244)	45.9	59.4	4.5	1.2	5.7	6.6	2.5
경기·기타	(76)	55.3	43.4	1.3	1.3	6.6	14.5	5.3
출신지역								
둥베이3성	(295)	50.2	52.9	4.1	1.4	6.4	8.5	3.1
기타	(25)	24.0	88.0	0.0	0.0	0.0	8.0	4.0
연령								
30대 이하	(36)	52.8	61.1	2.8	2.8	5.6	11.1	5.6
40대	(58)	41.4	46.6	6.9	3.4	12.1	8.6	5.2
50대	(124)	53.2	60.5	4.0	0.8	4.8	5.6	0.8
60대 이상	(102)	44.1	52.9	2.0	0.0	3.9	10.8	3.9
교육수준								
소학교 이하	(28)	25.0	78.6	0.0	0.0	0.0	7.1	3.6
초중	(127)	52.8	50.4	4.7	0.8	3.1	9.4	3.1
고중	(123)	49.6	55.3	3.3	2.4	8.1	4.1	2.4
대학 이상	(42)	45.2	57.1	4.8	0.0	11.9	19.0	4.8

<표 6-14> 하루에 접촉하는 사람 수, 2014년

(단위: %, 명)

	(N)	0-4명	5-9명	10-19명	20-49명	50-99명	100명 이상	계
전체	(324)	43.2	30.9	15.7	6.5	2.2	1.5	100.0
거주지역								
서울	(236)	44.9	30.1	14.4	6.8	2.5	1.3	100.0
경기·기타	(88)	38.6	33.0	19.3	5.7	1.1	2.3	100.0
출신지역								
둥베이3성	(302)	42.1	32.5	15.9	6.3	2.0	1.3	100.0
기타	(22)	59.1	9.1	13.6	9.1	4.5	4.5	100.0
연령								
30대 이하	(35)	31.4	48.6	8.6	5.7	0.0	5.7	100.0
40대	(55)	34.5	36.4	12.7	14.5	1.8	0.0	100.0
50대	(132)	43.9	25.0	20.5	3.8	4.5	2.3	100.0
60대 이상	(102)	51.0	29.4	13.7	5.9	0.0	0.0	100.0
교육수준								
소학교 이하	(29)	48.3	17.2	20.7	13.8	0.0	0.0	100.0
초중	(128)	45.3	36.7	13.3	2.3	1.6	0.8	100.0
고중	(126)	42.9	26.2	15.9	8.7	4.0	2.4	100.0
대학 이상	(41)	34.1	36.6	19.5	7.3	0.0	2.4	100.0

'하루에 접촉하는 사람 수'를 조사한 결과, '4명 이하' 43.2%, '5-9 명' 30.9%, '10-19명' 15.7%, '20-49명' 6.5%, '50-99명' 2.2%, '100 명 이상' 1.5%로 나타났다(표 6-14). 응답자의 대부분인 73.3%가 하루 평균 '9명 이하' 사람을 만난다. 40대 연령 집단에서 접촉 인원이 상대적으로 많은데, 그들이 활발히 경제활동을 하며 사회생활을 하고 있는 것과 관련이 있다. 그렇지만 대부분의 재한조선족은 소수의 고향출신 사람들과 인적 네트워크를 맺으며 교류를 지속하고 있는 것으로 파악할 수 있다.

3. 삶의 질

재한조선족은 자기 가족의 생활수준을 어떻게 평가하고 있을까?
<표 6-15>는 '중국의 다른 가족들과 비교한 자기 가족의 생활수준'
을 보여준다. 그들의 생활수준평가 점수는 10점 만점에 평균 3.71점
으로, '중간'인 5점에 미달한다. 부분집단들을 비교하면, '대학 이상'
고학력자 집단이 4.16점으로 가장 높고, '둥베이3성이 아닌 다른 지
역 출신' 집단이 4.00점으로 그 다음 수준이다. 반면, '소학교 이하'
저학력자 집단(3.33점)과 '60대 이상' 고연령층(3.38점)의 생활수준
이 가장 낮다.

<표 6-15> 중국의 다른 가족들과 비교한 자기 가족의 생활수준, 2014년

(단위: %, 명, 점)

	(N)	최저 0	1	2	3	4	중간 5	6	7	9	최고 10	계	평균
전체	(342)	13.7	6.1	7.0	9.4	4.7	55.6	1.8	0.6	0.3	0.9	100.0	3.71
거주지역													
서울	(252)	15.5	6.0	7.9	9.1	4.8	52.8	2.0	0.8	0.4	0.8	100.0	3.61
경기·기타	(90)	8.9	6.7	4.4	10.0	4.4	63.3	1.1	0.0	0.0	1.1	100.0	3.98
출신지역													
둥베이3성	(318)	14.2	6.0	6.9	10.1	5.0	54.1	1.9	0.6	0.3	0.9	100.0	3.69
기타	(24)	8.3	8.3	8.3	0.0	0.0	75.0	0.0	0.0	0.0	0.0	100.0	4.00
연령													
30대 이하	(35)	11.4	2.9	8.6	17.1	2.9	48.6	2.9	0.0	2.9	2.9	100.0	3.97
40대	(55)	7.3	9.1	3.6	16.4	7.3	52.7	3.6	0.0	0.0	0.0	100.0	3.80
50대	(137)	12.4	5.1	5.8	7.3	4.4	62.0	1.5	0.7	0.0	0.7	100.0	3.88
60대 이상	(115)	19.1	7.0	9.6	6.1	4.3	51.3	0.9	0.9	0.0	0.9	100.0	3.38
교육수준													
소학교 이하	(30)	23.3	6.7	6.7	10.0	3.3	43.3	3.3	0.0	0.0	3.3	100.0	3.33
초중	(138)	14.5	5.8	13.0	7.2	4.3	55.1	0.0	0.0	0.0	0.0	100.0	3.46
고중	(131)	10.7	6.9	3.1	9.9	6.9	59.5	1.5	0.8	0.0	0.8	100.0	3.90
대학 이상	(43)	14.0	4.7	0.0	14.0	0.0	53.5	7.0	2.3	2.3	2.3	100.0	4.16

<표 6-16> 전반적 생활만족도, 2014년

(단위: %, 명, 점)

	(N)	매우 만족(5)	약간 만족(4)	보통 (3)	약간 불만(2)	매우 불만(1)	계	평균
전체	(345)	18.3	15.4	53.0	9.0	4.3	100.0	3.34
거주지역								
서울	(256)	15.6	16.0	57.4	6.6	4.3	100.0	3.32
경기·기타	(89)	25.8	13.5	40.4	15.7	4.5	100.0	3.40
출신지역								
둥베이3성	(320)	17.8	16.3	51.6	9.7	4.7	100.0	3.33
기타	(25)	24.0	4.0	72.0	0.0	0.0	100.0	3.52
연령								
30대 이하	(37)	18.9	16.2	62.2	0.0	2.7	100.0	3.49
40대	(57)	8.8	22.8	57.9	7.0	3.5	100.0	3.26
50대	(137)	19.0	16.1	49.6	10.2	5.1	100.0	3.34
60대 이상	(114)	21.9	10.5	51.8	11.4	4.4	100.0	3.34
교육수준								
소학교 이하	(34)	23.5	5.9	47.1	8.8	14.7	100.0	3.15
초중	(137)	17.5	14.6	58.4	6.6	2.9	100.0	3.37
고중	(130)	15.4	16.9	50.8	13.8	3.1	100.0	3.28
대학 이상	(44)	25.0	20.5	47.7	2.3	4.5	100.0	3.59

한편, 생활만족도는 '매우 만족' 18.3%, '약간 만족' 15.4%, '보통' 53.0%, '약간 불만' 9.0%, '매우 불만' 4.3%로, '만족'이 '불만'보다 더 많은 것으로 조사되었다. 최저 1점, 중간 3점, 최고 5점의 값을 부여하여 생활만족도 점수를 계산하면, 평균 3.34점으로 나타났다. 재한조선족은 비록 경제적으로는 여전히 궁핍하지만, 생활만족도는 높은 것으로 파악할 수 있다.

부분집단들을 비교하면, '대학 이상' 고학력자 집단이 3.59점으로 가장 높고, '둥베이3성이 아닌 다른 지역 출신' 집단이 3.52점, '30대 이하' 청년층이 3.49점으로 그 다음 수준이다. 반면, '소학교 이하' 저학력자 집단의 생활만족도 점수가 3.15점으로 가장 낮다.

제7장

조선족과 한국인의 상호인식

재한조선족은 1987년 친·인척 초청을 통한 이산가족 상봉 사업을 계기로 한국에 오기 시작하여, 그 후 그 수가 꾸준히 증가여 2019년 4월에는 757,958명에 이르렀다. 이 인원은 중국국적자만을 대상으로 한 것으로, 2018년말 국내 거주 조선족 국적취득자 수 83,347명을 합하면, 총 841,305명에 달한다. 2010년 중국 인구센서스에 집계된 재중조선족 인구 1,830,929명의 45.9%가 한국에 체류하고 있다(제3장 참조).

이 장에서는 조선족과 한국인의 상호인식을 살펴본다. 제1절에서는 한국언론재단이 운영하는 '뉴스 빅데이터 분석 시스템' 빅카인즈(BigKinds: News BigData & Analysis)에서 조선족 관련 기사를 검색하여, 연도별 기사 건수의 변화를 살피고, 텍스트에서 키워드(keywords)를 추출하여 내용분석을 수행한다. 영화와 TV 드라마에서 조선족에 대한 이미지를 재현(再現 representation)한 결과를 분석하여, 실제 범죄통계와 그것을 비교한다. 제2절에서는 한국인의 조선족에 대한 인식을 트위터 분석과 표본조사자료 분석을 통해 파악하고, 제3절에서는 조선족의 한국인에 대한 인식을 표본조사자료 분석을 통해 고찰하기로 한다. 제4절에서는 조선족과 한국인의 상호인식에서 발견된 쟁점을 정리하며, 이 장을 맺는다.

I. 언론 기사와 미디어 분석

1. 언론 기사 분석

BigKinds는 국내 54개 언론사의[1] 뉴스 데이터베이스를 제공한다.

저자는 2017년 6월에 '조선족' 또는 '중국동포' 또는 '중국교포'를 키워드로 입력하여 제1차 분석을 수행하였고, 2020년 1월에 제2차 분석을 실시하였다. 2017년에는 1958년 이후 기사 검색이 가능했으나, 2020년에는 1990년 이후의 기사 검색만 가능하여, 1989년 이전 기사는 2017년에 검색·저장한 자료를 사용하였다.

<표 7-1> 연도별 '조선족' 기사 건수, 1990-2019년

(단위: 건, %)

연도	기사 건수(건)					구성비율(%)			
	전체	경제	사회	범죄	사고	경제	사회	범죄	사고
1990-2019	87,871	10,133	18,171	13,198	2,730	11.5	20.7	15.0	3.1
1990	515	62	44	30	14	12.0	8.5	5.8	2.7
1991	628	104	71	41	15	16.6	11.3	6.5	2.4
1992	798	95	120	96	28	11.9	15.0	12.0	3.5
1993	690	91	63	53	8	13.2	9.1	7.7	1.2
1994	1,273	132	80	110	48	10.4	6.3	8.6	3.8
1995	1,387	161	107	169	45	11.6	7.7	12.2	3.2
1996	2,325	256	411	494	73	11.0	17.7	21.2	3.1
1997	2,111	194	301	261	71	9.2	14.3	12.4	3.4
1998	1,376	188	205	100	31	13.7	14.9	7.3	2.3
1999	1,475	123	204	152	22	8.3	13.8	10.3	1.5
2000	2,529	214	439	384	48	8.5	17.4	15.2	1.9
2001	2,571	261	460	284	45	10.2	17.9	11.0	1.8
2002	3,264	465	537	273	133	14.2	16.5	8.4	4.1
2003	2,737	326	586	222	47	11.9	21.4	8.1	1.7
2004	3,398	321	526	292	208	9.4	15.5	8.6	6.1
2005	2,673	319	457	237	51	11.9	17.1	8.9	1.9

---

1) 경향신문, 국민일보, 내일신문, 동아일보, 문화일보, 서울신문, 세계일보, 조선일보, 중앙일보, 한겨레, 한국일보, 매일경제, 머니투데이, 서울경제, 아시아경제, 아주경제, 파이낸셜뉴스, 한국경제, 헤럴드경제, 강원도민일보, 강원일보, 경기일보, 경남도민일보, 경남신문, 경상일보, 경인일보, 광주매일신문, 광주일보, 국제신문, 대구일보, 대전일보, 매일신문, 무등일보, 부산일보, 영남일보, 울산매일, 전남일보, 전북도민일보, 전북일보, 제민일보, 중도일보, 중부매일, 중부일보, 충북일보, 충청일보, 충청투데이, 한라일보, KBS, MBC, OBS, SBS, YTN, 디지털타임스, 전자신문.

（단위: 건, %）

연도	기사 건수(건)					구성비율(%)			
	전체	경제	사회	범죄	사고	경제	사회	범죄	사고
2006	2,544	336	468	232	60	13.2	18.4	9.1	2.4
2007	2,764	467	539	282	102	16.9	19.5	10.2	3.7
2008	3,922	487	790	533	214	12.4	20.1	13.6	5.5
2009	4,209	501	886	504	125	11.9	21.1	12.0	3.0
2010	4,626	567	849	528	114	12.3	18.4	11.4	2.5
2011	5,363	740	1,087	663	168	13.8	20.3	12.4	3.1
2012	5,991	1,084	1,542	1,300	158	18.1	25.7	21.7	2.6
2013	4,170	489	960	724	172	11.7	23.0	17.4	4.1
2014	5,347	466	1,635	998	159	8.7	30.6	18.7	3.0
2015	5,050	440	1,469	1,239	126	8.7	29.1	24.5	2.5
2016	3,935	365	1,075	974	113	9.3	27.3	24.8	2.9
2017	3,413	305	716	621	80	8.9	21.0	18.2	2.3
2018	3,173	299	534	422	109	9.4	16.8	13.3	3.4
2019	3,614	275	1,010	980	143	7.6	27.9	27.1	4.0

주: 1) 1990-2019년 국내 54개 언론매체에 보도된 총 87,871건의 기사.
　　2) 기사유형, 즉 경제, 사회, 범죄, 사고 기사는 상호배제적이지 않다. 즉, 일부 중복된다.

자료: 한국언론재단 https://www.bigkinds.or.kr. 저자가 '조선족' 또는 '중국동포' 또는 '중국교포'를 키
　　워드로 입력하여 산출.

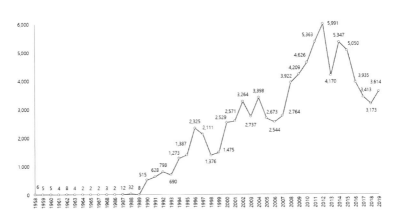

[그림 7-1] 연도별 '조선족' 기사 건수, 1958-2019년

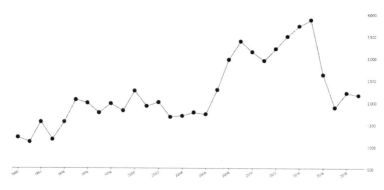

[그림 7-2] 연도별 '조선족', '중국동포', '중국교포' 키워드 건수, 1990-2019년

<표 7-1>과 [그림 7-1]은 연도별 '조선족' 기사 건수의 추이를 보여주고, [그림 7-2]은 키워드 트렌드를 보여준다. 1958년부터 1986년까지 각 연도별 기사 건수는 최소 2건에서 최대 8건이었고, 아예 기사가 없었던 해도 많았다. 그러다 1987년 기사 건수가 12건으로 증가하였고, 그 이듬해인 1988년에는 32건으로 비약적으로 증가하였다. 한국언론이 1986아시안게임과 1988올림픽을 거치면서 중국조선족에 관심을 갖기 시작하였고, 한국정부가 1987년 재중조선족에게 '여행증명서'를 발급하여 한국 방문을 허용한 사건이 한국언론의 주목을 받았다.

1992년 한·중 수교 이전, 한국과 중국은 공식적으로 인적교류를 할 수 없었다. 한국정부는 중국을 공산국가로 규정하고 적대시하였기 때문에, 한국인이 중국국민과 접촉하는 것은 금지되어 있었다. 그러나 한국정부는 1987년 재중조선족이 한민족이면서 이산가족이라는 인식하에, 그들의 방문을 적극적으로 수용하는 방향으로 입장을 선회하였다. 한국정부는 조선족 방문자를 '중국여권을 가진 외국

인'이라기보다는 '이산가족'으로 간주하고, '대한민국정부가 발행한 여행증명서'를 교부하였으며, 그들의 체류기간과 방문 인원 제한도 설정하지 않았다. 대한민국국민이 중국의 친·인척에게 초청장을 발송하면, 한국정부는 친·인척관계만 확인하고, '여행증명서'를 교부하였다. 그러다 1988년 7·7선언 이후, 한국정부는 조선족을 중국국적을 가진 외국인으로 처우하여 '사증'을 발급받아 입국하도록 하였다. 그렇지만 한국정부가 조선족 고향 방문자를 적극적으로 수용하는 방침은 변함없이 유지되었다.

1990년에는 한국언론에 보도된 조선족 관련 기사 건수가 515건으로 증가하였다. 한국언론은 한국을 방문한 조선족 동포와 국내 가족, 친·인척의 상봉, 그리고 중국조선족 사회가 경험한 삶의 궤적을 보도하였다. 또한, 보건사회부에서 조선족이 갖고 온 한약재가 중금속에 오염되어 있다고 발표하였다. 그 후 한국사회에 받아들여진 조선족은 '친·인척 방문자'에서 '한약재노점상'을 거쳐 '이주노동자' 또는 '불법체류자'로 바뀌었다. 그러한 상황은 언론기사를 통해 파악할 수 있다.

1992년 한·중 수교는 하나의 분기점이었다. 한국정부는 1992년 6월 '불법체류 우려 외국인' 대책의 하나로, 친·인척 초청 시 '사증발급승인서'를 추가로 요구하였고, 친·인척 초청 범위를 '60세 이상 5촌 이내 혈족, 4촌 이내 인척'으로 설정하였다.

1994년 조선족 기사 건수는 1,273건으로, 처음으로 1,000건을 넘었다. 친·인척 초청 범위가 이전보다 확대되어('55세 이상 6촌 이내 혈족, 4촌 이내 인척'), 훨씬 많은 조선족이 방한하였다고 볼 수도 있겠지만, 그보다는 1992년 이후 재한조선족 불법체류자가 사회적 쟁점으로 대두되었기 때문이다. 외국인노동자의 수는 1987년 6,409명에 불과하였지만, 점차 증가하여 1992년 7월에는 73,368명에 이르렀다. 법무부는 1992년 6월 10일부터 7월 31일까지 불법체류 노동자와 이들을 고용하고 있는 고용주를 대상으로 자진신고를 유도하였다.[2] 자진신고를 하면 업주와 불법체류자를 처벌하지 않을 뿐만 아니라 동년 12월 31일까지 출국을 유예한다고 발표하였다. 법무부의 자진신고 유도 정책은 전체 외국인노동자의 수를 줄이는 효과를 가져왔다.

이러한 성과에도 불구하고 불법체류자의 자진 귀국은, 그동안 외국인노동자에 의해 근근히 유지되어 오던 중소기업의 인력난을 심화시키는 요인이 되었다. 이에 중소기업협동조합중앙회를 비롯한 유관 단체들이 집단으로 대책을 요구하기에 이르렀다. 이로 인해 불법체류 노동자의 자진 출국 기한이 1992년 12월 말에서 1993년 6월말로 연기되었다가 1993년 말로 다시 연기되었고, 급기야 1994년 5월말로 다시 연기되었다. 1994년 한국언론이 조선족 기사를 많이 보도한 까닭은 바로 이러한 정부정책 변화와 중소기업의 항의 등이 복합적으로 작용하면서 사회문제로 대두되었기 때문으로 판단된다. 한국언론의 조선족 기사 건수는 1995년 1,387건, 1996년 2,325건으로 증가하였다.

한국정부는 불법체류자를 합법적 산업기술연수생으로 대체하기 위한 외국인력제도를 1993년과 1994년 두 차례에 걸쳐 도입하였다. 정부는 불법체류자 단속을 시행하여, 적발된 사람을 강제퇴거하였

---

2) 불법체류 노동자를 고용하고 있다고 신고한 업주 수는 10,796명, 불법체류자 수는 61,126명이다. 그 중 조선족 불법체류자 수는 22,035명(제조업 7,090명, 유흥서비스업 464명, 단순불법체류 14,481명)이다(설동훈, 1999: 132-133).

다. 사증 발급 기준을 엄격하게 설정하여 입국자·체류자 수를 조절하였고, 체류기간도 제한하였다. 노동시장 잠식을 방지하기 위하여, 외국인 산업기술연수생 허용 업종도 제한하였다.

조선족 인력을 필요로 하는 사업주와 배우자를 찾는 한국인 남성이 크게 늘었다. 외국인노동자와 결혼이민자 등으로 들어온 조선족은, 각각 중소기업에서 임금 상승을 억제하는 완충역할을 수행하였고, 농촌공동화를 예방하는 데 막대한 기여를 하였다.

1996년 8월 3일 발생한 페스카마15호(Pescamar No.15) 살인사건은 한국언론의 관심을 오랫동안 끌었다. 이는 조선족의 이미지를 크게 실추시켰다. 1996년 조선족 관련 기사 건수는 2,325건에 달했다.

1997년말 아시아에 밀어닥친 외환위기는 한국 노동시장에 큰 충격을 주었다. 기업은 임금부담을 줄이기 위해 구조조정을 단행함과 동시에 정규직을 줄였다. 많은 노동자가 해고되었고, 거리로 내몰렸다. 노숙자로 전락한 사람도 있었고 목숨을 끊은 사람도 있었다. 양질의 일자리가 줄어들었고, 단순노무인력 수요도 줄어들었다. 투자가 줄면서 경기가 위축되었고, 그 결과 외국출신 이주노동자를 채용하는 사람도 줄었다. 그러면서 국내 외국인노동자 수는 1997년 248,246명에서 1998년 160,818명으로 크게 줄었다(薛東勳, 2016: 51).[3] 그러면서 한국언론의 조선족에 대한 관심도 약화되었다. 조선족 기사 건수는 1997년 2,111에서 1998년 1,376건으로 격감하였다.

---

3) 1998년 1년간 국내 외국인노동자 수는 87,248명 줄었지만, 재한조선족 수는 5,730명밖에 줄지 않았다. 재한조선족 인구는 1997년 42,963명이었고, 1998년에는 37,233명으로 줄었다(표 3-2 참조).

1999년에도 한국경제는 여전히 심각한 경기침체를 경험하였지만, 부분적으로 경기가 살아나면서 중소기업에서는 다시 외국인노동자를 고용하기 시작하였다. 3D업종 중소기업은 한국 사람들의 기피로 인해 인력부족에 다시 시달렸다. 조선족 노동자는 단순노무 일자리를 쉽게 찾을 수 있게 되었다. 1999년 외국인노동자 수는 220,140명으로 늘었고(薛東勳, 2016: 51), 재한조선족 수는 67,036명으로 사상 최고수준을 기록했다. 1999년 조선족 기사 건수는 1,475건으로, 그 전년보다 99건 증가하는 데 그쳤다.

시장상황이 나빠지자, 사회 분위기도 급격히 경색되었다. 해고자가 늘면서 소비경제가 급격하게 위축되었다. 기업은 미래에 대한 불안감으로 투자를 줄였고, 임금 비용도 줄였다. 그 과정에서 외국인노동자 임금체불과 부당노동행위가 만연하였었다. 재한조선족도 피해를 입었다. 불법체류자는 정부의 단속에 걸리면 강제퇴거당해야 하므로, 부당한 처우를 받더라도 참고 견딜 수밖에 없었다.

이 시기에 이르러 한국인의 조선족 인식도 급격히 악화되었다. 침체된 노동시장에서 재한조선족이 한국인의 일자리를 잠식한다고 생각했기 때문이다. 한국언론은 재한조선족의 부정적 측면을 연일 보도하였다. 조선족은 불법을 저지르고, 일확천금을 꿈꾸며, 무능하고 타락한 사람들이라는 내용이 주류였다(양은경, 2010: 194-195). 그 결과, 한국사회에서 조선족을 경원시하는 움직임이 생겨났다. 개인의 불만과 사회문제를 조선족에게 돌리는 풍조가 생겨났다. 언론은 남편을 버리고 야반도주한 여성 결혼이민자의 사기결혼사건, 흉악한 살인범죄사건 등을 보도하였고, 한국사회에서 조선족의 평판은 나날이 나빠졌다.

2000년에는 언론기사 건수가 급증하여 1997년 수준을 능가하였다. 연수취업제(연수2년+취업1년)를 시행하였고, 조선족 친·인척 초청 범위를 확대('40세 이상 8촌 이내 혈족, 4촌 이내 인척')하였다. 2002년에는 외국국적동포 서비스분야 취업관리제가 시행되었다. 정부는 '국내에 친족·호적이 있는 연고동포'에게 6개 서비스업[4] 취업을 허용하였는데, 언론은 재한조선족의 상태를 다루는 보도를 많이 하였다. 조선족 관련 언론기사는 2000년 2,529건이었고, 2001년에는 2,571건 비슷한 수준을 유지하다가, 2002년에는 3,264건으로 크게 증가하였다.

한국언론의 조선족 기사 건수는 2004년 3,398건으로 다시 급증하였다. 2003년 8월 16일 '외국인 근로자의 고용 등에 관한 법률'이 국회를 통과하자, 정부는 2003년 3월 31일을 기준으로 '체류기간이 4년 미만인 자'는 양성화하여 체류를 허용하도록 하였고, 이미 '체류기간 4년 이상인 자'는 자진 귀국을 유도하는 정책을 시행하였다. 2002년 중국국적 조선족 체류자 수가 118,300명이었고, 그 중 불법체류자 수는 79,737명으로, 불법체류율 67.4%이던 것이, 2003년 정부의 '체류자격 합법화 조치'로 조선족 체류자 수 132,305명, 불법체류자 39,256명, 불법체류율 29.7%로 급격히 재편되었다(표 3-2 참조).

자진신고 기한이 끝난 2003년 11월 17일부터 정부는 유관기관 합동으로 불법체류자 단속을 강력하게 시행하였다. 조선족 불법체류자 수가 급격히 줄어들었지만, '체류기간 4년 이상인 조선족'은 자진출

---

4) 숙박 및 음식점업, 사업지원서비스업, 사회복지사업, 청소관련 서비스업, 개인 간병인 및 유사서비스업, 가사서비스업.

국하거나 단속에 적발되어 강제퇴거되어야 하는 상황에 봉착하였다. '재외동포연대추진위원회'의 '재외동포법개정특별위원회'와 '재외동 포법제정을 위한 기독교추진위원회' 등의 주도로, 시민운동가들이 2003년 11월 15일 '재외동포법 개정촉구와 강제추방 반대, 불법체 류사면을 위한 무기한 농성'을 시작하였다. 그리고 '체류기간 4년 이 상인 조선족' 2,400여 명도 서울 8개 교회에서 단식농성을 하며, 정 부정책에 항의하였다(吳泰成, 2019: 12-15). 불법체류자를 강력하게 단속하려 한 정부와 그것을 비인도주의적 처사로 규정한 시민단체 사 이에 갈등이 상존하였고, 언론은 그것을 보도하였다. 즉, 2003-2004년 정부정책에 대한 재한조선족의 저항과 '외국인 고용허가제' 시행으 로 인한 지위 변동은 한국언론의 주목을 받았다. 한국언론의 조선족 관련 기사 건수는 2003년 2,737건, 2004년 3,398건이었다.

2007년 시행된 '외국국적동포 방문취업제'는 재한조선족 동포에 게 큰 희망을 주었다. 2002년 도입된 '외국국적동포 취업관리제'는 처음에는 6개 서비스업을 대상으로 하였으나, 2004년 건설업(도급 금액 300억 원 미만 건설공사)을 추가하였고, 2006년에는 다시 제조 업, 농축산업, 연근해어업을 추가하였다. 방문취업제는 '외국국적동 포 취업관리제'를 확대·개편한 것으로, '연고동포'뿐 아니라 '무연 고동포'도 정책 대상에 포함하였으며, 취업 허용 업종을 32개로 확대 하였다. 조선족의 국내 취업이 활성화됨과 아울러, 재한조선족 인구가 급증하면서, 그들의 생활상을 다룬 기사가 크게 늘었다. 그러면서 한 국언론의 조선족 관련 기사 건수는 2007년 2,764건에서 2011년 5,363건으로 꾸준히 늘었다.

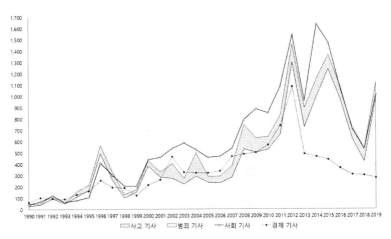

[그림 7-3] 연도별·기사종류별 '조선족' 기사 건수, 1990-2019년

2012년과 2014년에는 기사 건수가 각각 5,991건, 5,347건으로 증가하였다. 그것은 범죄자 우위안춘(吳原春)과 푸춘펑(朴春风)으로 대표되는 엽기적인 살인사건이 여론의 관심을 끈 것과 관련 있다.[5] 2012년 4월 길 가던 여성을 성폭행하려다 살해하고 시신을 토막 낸 '우위안춘 사건'과 헤어진 내연녀를 죽인 뒤 잔인하게 토막내고 유기한 '푸춘펑 사건'의 범행 수법이 너무 잔인하여 전 국민을 충격에 빠뜨렸고, 언론에서 조선족 범죄를 집중적으로 다루었다.

2015년 이후, 한국언론의 조선족 기사 건수는 줄고 있다. 2015년 5,050건에서 2019년 3,614건으로 해마다 줄었다. 그 뒤에도 살인 등 사건·사고가 없었던 것은 아니지만, 2012년과 2014년보다 더 엽기적이지는 않았기 때문으로 판단된다.

---

5) 한국언론은 오원춘과 박춘봉으로 범죄자 이름을 표기하였다. 박춘봉은 인터폴 신원조회 결과 박춘풍으로 밝혀졌다. 여기에서는 그들이 중국인이라는 점을 고려하여 중국어 발음으로 표기한다.

[그림 7-1]은 기사 건수, [그림 7-2]는 텍스트 마이닝(text mining)을 통해 추출한 키워드 건수를 그래프로 표시한 것으로, '연도별 기사와 키워드 건수의 증감'은 정부의 조선족 이주관리정책 변경, 여론의 관심을 끈 사건·사고 등과 밀접한 관련을 갖고 있음을 알 수 있다.

기사 건수뿐 아니라 기사의 내용도 중요하다. <표 7-1>과 [그림 7-3]은 기사 종류별 분석 결과를 보여준다. 1990-2019년의 30년간 조선족 전체 기사 중 경제면 기사는 11.5%에 불과하고, 사회면 기사가 20.7%에 달한다. 특히, 범죄 기사의 비율이 전체 기사의 15.0%에 달할 정도로 높다. 그러면서 언론이 조선족 범죄를 집중적으로 조명하면서, '나쁜' 이미지가 생성·확대되었다.[6]

<표 7-2>와 [그림 7-4]는 1987-2019년 한국언론의 '조선족' 관련 기사를 분석하여 찾아낸 키워드를 보여준다. 한국언론은 옌벤조선족자치주와 조선족 사회의 '흔들리는' 모습과 함께 살인, 일자리, 범죄, 토막, 유괴, 인육, 폭력조직, 불법체류, 오원춘, 갈취조직, 단식농성, 위장결혼, 수원토막살인사건, 사기사건, 살해, '청년경찰', 환치기 등 재한조선족 등을 키워드로 다루었다. 민족, 코리안, 디아스포라, 공동체, 아리랑, 풍습, 우리말 등 긍정적 키워드가 없는 것은 아니다. 그렇지만 사건·사고 등 사회면 기사가 대부분이어서 그런 것일 수도 있겠지만, 긍정적 키워드보다는 부정적 키워드가 훨씬 더 많음을 알 수 있다(박상조·박승관, 2016; 신예원·마동훈, 2017; 김지혜, 2018 참조).

---

6) 출입국관리법을 위반한 '불법체류'는 형법을 위반한 '범죄'와는 구분되는 것이지만, 그 표현 자체가 '법 위반'을 강조하고 있어, 그것 역시 일반인의 인식에 나쁜 영향을 미쳤다.

(단위: 개)

키워드	N	키워드	N	키워드	N	키워드	N
조선족	352	재편성시대	80	비하	34	우리말	22
중국	334	동북	79	활짝	34	위기감	22
동포	313	농촌	77	불법체류	33	갈등	21
자치주	293	옌볜	75	사업실패	33	경쟁	21
연변	274	홀대정책에	73	냉대	32	소통	21
중국동포	256	사라질	72	서러운	32	이산민족	21
조선족사회	241	이주사	71	단속	31	금융업	20
양극화	227	사람	70	참으랴	31	부상	20
살인	214	편견	69	중국서	30	북경	20
저출산	202	타향	68	피하랴	30	사기사건	20
인구	192	만주	66	소수민족	29	영화	20
민족	182	경계인	64	여성	29	교포	19
조선족교회	172	재외동포법과	63	전락	29	구속	19
일자리	164	차이	62	옌볜자치구	28	내연녀	19
조선족자치주	157	아리랑	61	출산	28	살해	19
위기	150	차별	60	보조금	27	청년경찰	19
분노	144	울분속	59	오원춘	27	기소	18
범죄	138	초조	58	절망하는	27	사기	18
위험수위	133	베이징	57	우려	26	살해한	18
생활상	128	이해	56	은밀한	26	선고	18
시민단체	123	조선족커뮤니티	55	풍습	26	피해자	18
코리안	118	토막	54	위협받는	25	환치기	18
디아스포라	114	주민	53	정부	25	고시원	17
임대료	110	기피	52	정체성	25	규탄	17
조선족동포	107	인력시장도	52	갈취조직	24	노인	17
흔들리는	104	유괴	50	단속강화	24	등친	17
징역	101	인육	49	단식농성	24	묻지마	17
흩어진	98	보호	47	항의	24	사기단	17
재결집	95	폭력조직	47	브로커	23	동료	16
자유왕래	92	국내체류	46	위장결혼	23	살해하고	16
청원서	90	기계	45	송화강	22	업체	16
재중동포	84	확산	45	수원토막살인사건	22	죽이려고	16
공동체	82	연명	38	외국인혐오	22	연맹	10

주: BigKinds 검색 기사 87,923건 중 관련도가 높은 것으로 분석하여 산출한 뉴스 헤드라인 105건
을 분석에 사용하였다. BigKinds에서 검색 가능한 연도 범위를 변경하였으므로, 2017년 제1차 분
석에서 추출한 1987-2016년 97개 뉴스 헤드라인에, 2020년 제2차 분석에서 찾아낸 2017-2019년
뉴스 헤드라인 8개를 결합하였다. 이 105개 기사를 단어구름(word cloud) 소프트웨어 Tagxedo
(http://www.tagxedo.com)를 이용하여 분석한 키워드 132개와 그 각각의 건수를 제시하였다.

[그림 7-4] '조선족' 관련 기사의 키워드, 1987-2019년

[그림 7-5] '조선족' 관련 기사의 키워드 관계도 분석, 1990-2019년

[그림 7-5]는 1990-2019년 BigKinds 검색 결과를 이용하여 키워드 관계도를 분석하여 작성한 것이다. 뉴스 속 인물·장소·기관 간 관계도를 보여주는데, 그 내용은 [그림 7-4]와 동일하다.

2. 미디어에서 재현된 조선족

<표 7-1>과 [그림 7-3]에서 1990-2019년의 30년간 조선족 범죄 기사 건수가 13,198건이었고, 전체 기사의 15.0%를 차지함을 확인했다. 언론의 이러한 보도 경향은 조선족을 범죄자로 그린 영화를 통해 재현되어 왔다. '황해'(2010), '신세계'(2013), '차이나타운'(2014), '청년경찰'(2017), '범죄도시'(2017), '악녀'(2017) 등 그 수를 이루 헤아리기 힘들 정도다.

영화 '황해'의 주인공 '구남'은 옌볜에서 택시운전사를 하면서 달러 빚을 얻어 아내를 한국에 보낸다. 돈 보따리 들고 돌아오겠다던 아내는 감감무소식이고 빚은 나날이 늘어만 간다. 막다른 골목에 이른 그에게 조선족 브로커 '면가'(면정학)가 '한국에 가서 누군가를 죽이고 오면 빚을 대신 갚아 주겠다'는 제안을 한다. 이 영화에서 조선족 '구남'과 '면가'는 무지막지한 폭력을 자행하는 잔혹한 범죄자로 그려진다(김남석, 2014 참조).

영화 '청년경찰'은 서울 대림동 주요 상권인 대림역 12번 출구 일대를 우범지대로 묘사한다. 영화 속 택시 운전사는 대림동을 가리키며 "여기(대림동)는 조선족만 사는데 여권 없는 중국인도 많아서 밤에 칼부림도 자주 나요. 경찰도 잘 안 들어와요. 웬만하면 밤에 다니지 마세요."라고 말한다. 영화 속 대림동은 일상공간과는 완전히 고립된 범죄 공간으로 기술되었다(최인규·전범수, 2019). '청년경찰'

은 허구적 상상을 재현하기 위해 실제의 장소와 명칭을 그대로 사용하는 등 조선족 범죄에 대한 두려움을 증폭시켰다는 비판을 받고 있다(한희정·신정아, 2019a).

영화 '범죄도시'의 악역 주인공 장첸(張謙)을 비롯한 대부분의 조선족 인물들은 조직폭력배이거나 몸에 칼, 도끼 등 흉기를 지니고 다닌다. 영화에서 묘사된 가리봉동은 대낮에도 패싸움이 일어나고, 사소한 시비가 바로 칼부림으로 이어지는 '범죄도시'로 묘사되는데, 그 주범은 조선족으로 설정되어 있다(최인규·전범수, 2019 참조).[7]

물론, 영화 '해무'(海霧, Sea Fog, 2014)처럼 조선족이 피해자가 된 사건을 다룬 것도 있다. '해무'는 2001년 '제7태창호 사건'을 재현한 것이다.[8] 영화에서 안강망 어선 '전진호'의 선장 철주는 한 밀항 브로커로부터, '중국인을 몰래 배에 태워 오라'는 제안을 받는다. 철주는 공해(公海)에서 중국어선에서 사람들을 '전진호'에 태워 전라남도 여수로 돌아오다, 근처에 다른 배가 지나가자 중국인을 '생선 보관 창고'로 내려보낸다. 그 후 실제 발생한 사건을 재현한다. 해무는 범죄 피해자가 된 조선족을 묘사한다는 점에서 다른 영화들과는 구분된다. 김종수(2016)는 "영화 '해무'가 한국의 노동자와 이주민 조선족이 모두 신자유주의적 경제 질서의 재편과정에서 희생될 수밖에 없는 경제적 약자임을 암시하며 조선족을 대하는 한국인의 윤

---

7) 최인규·전범수(2019)는 "영화 '범죄도시' 속 가리봉동은 지역 공동체와 교류·협력이 이루어지는 동시에 공권력을 통해 범죄가 진압되는 등 정당하고 열려진 공간으로 기술되고 있다"고 평가하며, 영화 '청년경찰'의 대림동보다는 긍정적으로 묘사된 것으로 평가한다.

8) '제7태창호 사건'은 중국인 60명(한족 49명, 조선족 11명)이 2001년 10월 제7태창호를 타고 전라남도 여수로 밀입국을 시도하다 26명이 질식사한 사건이다. 선장은 해양경찰의 단속을 피하기 위하여 중물탱크에 34명, 어창(魚艙)에 26명을 태웠는데, 어창에 들어간 사람들이 모두 질식사한 것이다. 선장은 밀항 브로커의 지시를 받아, 시신을 바다에 유기하였다.

리적 갈등을 다루었다"는 점에서 이주민에 대한 진일보한 인식을 보여준 것으로 평가한다.

[그림 7-4] 영화 '황해'(2010), '해무'(2014), '범죄도시'(2017), '청년경찰'(2017)

[그림 7-5] KBS 2TV '개그콘서트'의 코너 '황해'(2013-2014)

영화뿐 아니라 텔레비전 프로그램도 마찬가지다. 예컨대, KBS 2TV '개그콘서트'의 코너 '황해'(2013-2014)에서는 조선족 보이스피싱 조직을 희화화하였다. 영화 '황해'를 패러디한 이 코미디 프로그램 역시 조선족을 범죄자로 설정하여 비하하였다는 비판에서 자유롭기 어렵다.

텔레비전 드라마에 나오는 조선족도 크게 다르지 않다. 한희정·신정아(2019b)는 "2002-2018년 방영한 19편의 드라마를 분석하여, 조선족 남성은 모두 잔혹한 조직폭력배, 인신매매, 장기밀매, 살인청부 등 범죄 캐릭터로 반복 재현되는 양상을" 띠었고, 조선족 여성은 역시 대체로 "가정부, 식당아줌마, 불법체류자, 신분위장자, 보이스피싱" 조직원 등 범죄자로 재현된 것으로 설명한다.

그렇다면 조선족은 실제로 범죄를 많이 일으키는 것일까? 경찰청 통계에서는 조선족을 따로 분류하지 않으므로, 중국인 범죄율을 통해 조선족 범죄율을 파악해보기로 한다. 한국내 외국인 범죄자의 국적을 살펴보면 중국이 압도적으로 많다. 중국인 범죄자가 많은 것은 국내 체류 외국인의 절반가량이 중국인이기 때문이다. 다시 말해, 외국인의 출신국별 인구를 통제(control)하여 범죄율을 분석하면 그 사정이 달라진다.

경찰청의 범죄율 통계에 따르면,[9] 2015년 인구 10만 명당 내국인 범죄자 수는 3,369명인 데 반해, 중국인 범죄자 수는 1,858명이다 (최영신, 2017: 15-17). 즉, 중국인의 범죄율은 한국인의 55.1%에 불과하다. 조선족의 범죄율은 한국인 범죄율보다 훨씬 낮을 뿐 아니라, 외국인의 출신국별로 비교해도, 몽골·우즈베키스탄·키르기스스탄·스리랑카·러시아 다음의 6위로(최영신, 2017: 15-16), 결코 높은 수준이 아니다. 범죄의 경중에 따른 차이를 파악하기 위하여 폭력범죄율 살펴보면, 2015년 인구 10만 명당 내국인 폭력범죄자 수는 704명인 데 반해, 중국인 폭력범죄자 수는 583명이다(최영신, 2017: 18-20). 즉, 폭력범죄율도 중국인은 한국인의 82.8%다. 중국인이 한국인보다 범죄를 덜 저지른다는 뜻이다.

범죄율이 이처럼 낮은데도, 중국인 또는 조선족 범죄가 많은 것으로 여겨지는 것은 그 인구가 많기 때문이다. 2015년 외국인 범죄로 검거된 35,443명 중 21.279명이 중국인이었다. 중국인이 국내 체류 외국인 중 그 수가 가장 많기 때문에 생긴 일이다.

어쨌든, 한국인은 조선족을 객관적 데이터보다 훨씬 더 위험한 존재로 파악하고 있다. '조선족 범죄자 몇 명이 저지른 끔찍한 범죄 사건들', '언론의 조선족 범죄 보도 집중', '영화·텔레비전 등 미디어

---

9) 여기서 범죄율은 검거인원지수 즉, '인구 10만 명당 검거 인원'으로 정의한다.

에서 조선족 범죄의 재현'으로 인해, 한국인은 조선족에 대한 부정적 이미지를 내면화한 것이다(김병학·고길곤·김대중, 2013: 365; 우충완·우형진, 2014: 215). 조선족 개인의 일탈·범죄에서 비롯된 부정적 인식이 '언론의 범죄 보도'와 '미디어를 통한 부정적 이미지의 재현'을 거쳐, 조선족 집단 전체에 대한 배타적 시선과 고정관념을 배양하였다.

Ⅱ. 한국인의 조선족에 대한 인식과 태도

1. 트위터 분석

한국인이 재한조선족에 대해 느끼는 인식을, 이 절에서는 트위터라는 쌍방향의 소통 수단을 통해 살펴보기로 한다. 신문·방송 등 대중매체의 기사가 여론 주도층의 인식을 반영하는 것이라면, 트위터는 일반국민의 인식을 나타내는 것이라 할 수 있다. 미디어에 재현된 조선족은 한국사회에 적응하지 못한 이방인이자 강력범죄를 일삼는 흉포한 사람들이다. 이는 특수한 개별 사례를 과장한 것으로, 한국인으로 하여금 조선족을 잠재적인 범죄자로 인식하게 하였다 (노성훈, 2013: 175). 물론, 언론은 기획기사를 통해 재한조선족이 한국사회에 미치는 긍정적 요소를 지적하고, 같은 민족으로 공생을 도모해야한다는 당위성을 강조하지만, 계몽적·계도적 수준에 머물고 있다. 그렇다면 일반국민들은 트위터에서 이들을 어떻게 표출하고 있을까? 그것을 알아보기로 한다.

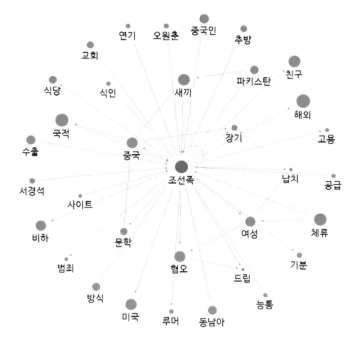

주: '조선족' 등을 키워드로 포함하는 10,000건의 트윗 중 조선족이 포함된 연관 키워드 간 관계를 네
트워크 형태로 분석하여 그래프로 작성.

자료: 김석호(2017: 118).

[그림 7-6] 트위터에 나타난 '조선족' 연관 키워드, 2017년

　[그림 7-6]은 10,000건의 트윗 중 조선족이 포함된 연관 키워드
간 관계를 네트워크 형태로 분석하여 그래프로 작성한 것이다. 이
그래프에 따르면 '조선족'은 '중국', '혐오', '여성'과 같은 특정 국
가, 집단과 연계되어 언급된다. 특히, '파키스탄', '새끼', '중국'의
언급 관계가 두드러져, 조선족에 대한 사회적 인식을 반영하고 있다.
그리고 오원춘, 식인, 장기, 납치, 여성 등의 범죄 관련 단어가 등장
하고 있어 부정적인 인식을 자주 표출하고 있다. 일반국민들 또한

미디어의 영향을 받아 재한조선족을 부정적으로 인식하고 있는 것으로 나타났다. 즉, 여론 주도층의 인식과 일반국민의 인식이 크게 다르지 않은 것이다. 트윗 분석을 통해, 일반 한국인은 재한조선족을 같은 한국어를 구사하는 같은 민족이라는 표면적인 동질성에도 불구하고, 마음 속에서는 '우리 집단'(we group)의 구성원으로 받아들이지 않고, 경계의 대상이자 이방인으로 바라보고 있음을 알 수 있다.

2. 사회조사 자료 분석

전북대학교 사회학과 조사분석실습팀에서는 전국 대학생 대상 표본조사를 수행하면서, 조선족에 대한 '사회적 거리'를 측정하였다. <표 7-5>에 따르면, 한국 대학생은 조선족은 영국·프랑스·미국·일본·러시아·북한보다는 '사회적 거리'가 멀고, 중국한족·필리핀·태국·우크라이나·베트남·우즈베키스탄·몽골·인도네시아·카자흐스탄·네팔·방글라데시·이란·캄보디아·파키스탄·미얀마·스리랑카·키르기스스탄·동티모르보다는 '사회적 거리'가 가깝다고 생각한다(설동훈, 2013: 218 참조). 같은 민족인 '북한 사람'과 '중국조선족'보다 영국·프랑스·미국·일본·러시아를 가깝게 느낀다는 사실은, "'경제·문화의 발전 수준' 등 다른 요소들이 민족'보다 더 '사회적 거리'를 결정하는 데 영향을 미치는 것으로 해석할 수 있다.

<표 7-5> 한국 대학생의 조선족에 대한 사회적 거리, 2009년: 국가 간 비교

(단위: 점, 등)

나라	점수 (점)	순위 (등)
영국	2.41	1
프랑스	2.51	2
미국	2.51	3
일본	2.75	4
러시아	3.18	5
북한	3.43	6
중국(조선족)	3.53	7
중국(한족)	3.60	8
필리핀	3.70	9
태국	3.82	10
우크라이나	3.85	11
베트남	3.93	12
우즈베키스탄	3.93	13
몽골	3.95	14
인도네시아	3.97	15
카자흐스탄	4.03	16
네팔	4.07	17
방글라데시	4.12	18
이란	4.14	19
캄보디아	4.15	20
파키스탄	4.17	21
미얀마	4.22	22
스리랑카	4.26	23
키르기스스탄	4.29	24
동티모르	4.35	25

주: 1) 질문 문항과 선택지는 다음과 같다. "귀하가 '외국 사람들'에 대해 갖고 있는 사회적 거리감을 파악하기 위한 질문입니다. '국내에서 일하는 외국인근로자'가 아니라 '특정 나라 사람들에 대하여 갖고 있는 일반적 태도'를 보기에서 골라 솔직히 말씀해주시면 됩니다. ① 나의 가족 또는 나와 결혼할 수 있다, ② '친한 친구' 또는 '친한 선·후배'로 사귈 수 있다, ③ 직장 동료 또는 선·후배로 잘 지낼 수 있다, ④ 같은 동네 주민으로 지낼 수 있다, ⑤ 우리나라에 정착하는 것은 괜찮으나 다른 지역에 살았으면 좋겠다, ⑥ 우리나라에는 잠시만 머무르고, 조만간 다른 나라로 가면 좋겠다, ⑦ 우리나라에서 당장 나갔으면 좋겠다. 이 중 여러 가지 의견을 갖고 계신다면, 그 중에서 '상대적으로 친밀하게 느끼는 감정'(작은 값)을 적어주시기 바랍니다."
2) 조사기준 시점은 2009년 연도 4-5월이고, 분석에 포함된 사례 수는 461명이다.

자료: 전북대학교 사회학과 조사분석실습팀, 『한국 대학생의 의식과 생활에 대한 조사연구』, 2009. 원자료 분석.

<표 7-6> 한국 대학생의 조선족에 대한 사회적 거리, 2010-2017년: 사회집단 간 비교

(단위: 점, 등)

사회집단	점수 (점)				순위 (등)			
	2010년	2011년	2017년	평균	2010년	2011년	2017년	평균
외국인유학생	2.34	2.44	1.95	2.24	1	1	1	1
귀화한국인	2.49	2.59	1.99	2.35	2	4	3	2
미국국적 재미동포	2.58	2.51	1.98	2.36	4	3	2	3
외국인 투자자 또는 사업가	2.56	2.48	2.04	2.36	3	2	4	4
주한미군 관련 혼혈인	2.91	2.98	2.20	2.70	8	5	5	5
외국인 전문직	2.88	2.98	2.36	2.74	5	6	6	6
장애인	2.89	3.01	2.46	2.79	6	7	7	7
국제결혼이민자	2.90	3.08	2.78	2.92	7	8	9	8
북한이탈주민	3.05	3.25	2.74	3.01	9	10	8	9
북한주민	3.24	3.24	2.95	3.14	10	9	11	10
화교	3.39	3.49	3.01	3.30	13	11	12	11
중국동포 이주노동자	3.35	3.51	3.28	3.38	12	12	13	12
저개발국 출신 생산직이주노동자	3.32	3.52	3.36	3.40	11	13	14	13
동성애자	3.77	3.82	2.79	3.46	15	14	10	14
난민 또는 망명자	3.63	3.86	3.71	3.73	14	15	15	15
불법체류 이주노동자	3.83	4.09	4.11	4.01	16	16	16	16
AIDS/HIV감염인	4.58	4.57	4.20	4.45	17	17	17	17

주: 1) 질문 문항과 선택지는 다음과 같다. "귀하가 다음 '각 사회집단 사람들에 대하여 갖고 있는 태도'를 보기에서 골라 솔직히 말씀해주십시오. ① 나의 가족 또는 나와 결혼할 수 있다, ② '친한 친구' 또는 '친한 선·후배'로 사귈 수 있다, ③ 직장 동료 또는 선·후배로 잘 지낼 수 있다, ④ 같은 동네 주민으로 지낼 수 있다, ⑤ 우리나라에 정착하는 것은 괜찮으나 다른 지역에 살았으면 좋겠다, ⑥ 우리나라에는 잠시만 머무르고, 조만간 다른 나라로 가면 좋겠다, ⑦ 우리나라에서 당장 나갔으면 좋겠다. 이 중 여러 가지 의견을 갖고 계신다면, 그 중에서 '상대적으로 친밀하게 느끼는 감정'(작은 값)을 적어주시기 바랍니다."
2) 조사기준 시점은 각 연도 4-5월이고, 분석에 포함된 사례 수는 2010년 595명, 2011년 532명, 2017년 569명이다.

자료: 전북대학교 사회학과 조사분석실습팀, 『한국 대학생의 의식과 생활에 대한 조사연구』, 2010, 2011, 2017. 원자료 분석.

이러한 조사 결과는 사회집단 간의 '사회적 거리'의 차이로도 확인할 수 있다. '사회적 거리' 척도는 지배집단의 구성원을 대상으로, 그들과 사회적 소수자 집단 간 사회적 친소 관계를 측정하는 지수

중 하나다.[10] <표 7-6>에 따르면, 한국 대학생은 조선족 이주노동자는 외국인유학생·귀화한국인·미국국적재미동포·외국인투자자·주한미군관련혼혈인·외국인전문직·장애인·국제결혼이민자·북한이탈주민·북한주민·화교보다는 '사회적 거리'가 멀고, 생산직이주노동자·동성애자·난민·불법체류이주노동자·AIDS/HIV감염인보다는 '사회적 거리'가 가까운 것으로 여긴다. 조사대상자가 대학생이라는 점을 고려할 때, 유학생은 상대적으로 접촉이 많은 집단으로 친밀하게 느끼는 것으로 평가할 수 있다. 사회적 지위의 높낮이, 민족, 국적, 출신국, 체류자격의 합법성, 심리적 위협 등의 요인이 복합적으로 작용한 것으로 보인다.

한국인의 인식 속에 재한조선족은 '가까이하기엔 너무 먼 사람'으로 자리 잡고 있다. 사람들은 사회적 거리가 먼 집단을 자기와 다른 범주에 속하는 것으로 인식하고 대하는 경향이 있음을 고려할 때, 이 두 조사 결과는 심각하게 받아들여야 한다.

[그림 7-7]은 일반 한국인을 대상으로 "귀하는 오늘날 한국에 살려고 들어오는 외국인 수는 어떠해야 한다고 생각하십니까?"라는 질문하여 조사한 자료를 분석한 결과다(장홍근·이정희·정흥준·설동훈, 2017: 77-78 참조). 조사대상자는 일반국민(2010년)과 외국인 밀집거주지역 한국인주민(2015년)이고, 응답범주에 점수를 부여하여('많이 줄어야 한다' 1점, ……, '지금 수준이어야 한다' 3점, ……, '많이 늘어야 한다' 5점), 각각의 평균값을 산출하였다. 평균점수가 3점을 초과하면 수용하려는 의견이 많고, 3점 미만이면 배제하려는

---

10) 보가더스(Bogardus, 1933)는 '사회적 거리'를 '개인이 특정한 지위 특성을 가진 어떤 사람에 대해 갖는 태도'로 파악하고, 그것은 '개인이 주관적으로 느끼는 멀거나 가까움의 정도'를 나타낸다고 보았다.

의견이 많은 것으로 해석할 수 있다.

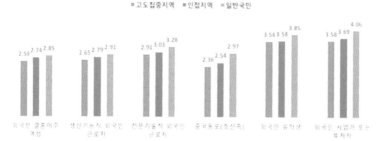

주: 일반국민(2010년)과 외국인 밀집거주지역 한국인주민(2015년)을 대상으로 외국인 유형별로 증가·
　　유지·감소의 필요성을 질문하여 "① 많이 줄어야 한다, ② 약간 줄어야 한다, ③ 지금 수준이어야
　　한다, ④ 약간 늘어야 한다, ⑤ 많이 늘어야 한다" 중에서 고르게 한 응답 결과의 평균 값이다.

자료: 김석호(2017: 110).

[그림 7-7] 한국인의 외국인 이민 수용규모 축소-확대 관련 태도, 2010-2015년

[그림 7-7]에 따르면, 세 유형 응답집단은 모두 조선족 수용규모에
대하여 '줄어야 한다'는 반응을 보였다. 즉, 고도집중지역주민 2.36
점, 인접지역주민 2.54점, 일반국민 2.97점으로 나타났다. '외국인
사업가 또는 투자가', '외국인 유학생', '전문기술직 외국인노동자'
에 대해서는 '늘어야 한다'는 의견이 다수였지만, '조선족', '생산기
능직 외국인노동자', '외국인 결혼이주여성'에 대해서는 '줄어야 한
다'는 의견이 더 많았다. 한국인은 조선족을 수용할 때, '한민족'이
라는 점보다는 경제적 요소를 우선적으로 생각하는 것으로 파악할
수 있다.

　다른 한 가지 쟁점은 '사회적 접촉'에 따른 수용-배제의 차이에 있
다. 일반국민은 '외국인 결혼이주여성', '생산기능직 외국인노동자',
'조선족' 순으로 배제적 태도를 취하지만, 외국인 밀집거주지역 한국

인주민은 '조선족', '생산기능직 외국인노동자', '외국인 결혼이주여성' 순으로 배제적 태도를 취한다. 즉, 조선족과 접촉을 많이 한 한국인일수록 배제적 태도를 취하는 것이다. 서로 다른 사회 집단의 구성원이 한 공간에서 접촉한다고 해서 고정관념·편견이 사라지거나 우호적인 관계가 저절로 성립되는 것이 아니라는 점을 확인한다(설동훈, 2020: 41-42). 엄격한 수직관계 속에서의 접촉이나 피상적인 접촉은 고정관념·편견을 감소시키지 못하고 오히려 갈등을 증폭할 수 있음을 경계해야 한다(설동훈, 1998b, 2020; 박효민·김석호·이상림, 2016).

Ⅲ. 조선족의 한국인에 대한 인식과 태도

1. 차별받은 경험

한국인의 조선족에 대한 인식이 다소 부정적인 것으로 파악되는데, 조선족의 한국인에 대한 인식과 태도는 어떨까? 여기서는 '2017년 한국에서 건설업에 종사하는 조선족을 대상으로 실시한 표본조사 자료'를 분석하여 그 점을 살펴보기로 한다.

<표 7-7>은 조선족이 한국에서 생활하면서 외국인이라는 이유로 차별당한 경험과 그 빈도를 조사한 결과다. 차별받은 경험이 '없다'는 응답은 25.1%에 불과하고, '있다'는 응답은 74.9%에 달한다. 응답자의 4분의 3 가량이 한국에서 "외국인이라는 이유로" 차별을 당했다고 밝혔다. 연령별로는 '40대 이하'에 비해 '50대 이상'이 차별

경험 비율이 높고, 지역별로는 '수도권' 거주자보다 '비수도권' 거주
자의 차별 경험 비율이 높다. 조사대상 부분집단별 차별을 받은 경
험이 "전혀 없다"라는 응답의 분포를 보면, '20-39세'(25.0%)와
'40-49세'(22.7%)의 경우 상대적으로 높다. "항상 차별받고 있다"는
응답 비율이 높은 집단은 '비수도권' 거주자(14.5%)와 '50세 이
상'(10.0%)으로 나타난다. 이러한 점은 '외국인이라는 이유로 차별
당한 경험 빈도 점수'로도 반영되는데, '비수도권' 거주자(54.91점)

<표 7-7> 조선족이 외국인으로 차별받은 경험

(단위: %, 점, 명)

| | (N) | 없다 | | | 있다 | | | | 계 | 평균 점수 |
		전혀 그렇지 않다	별로 그렇지 않다	소계	가끔 그렇다	대부분 그렇다	항상 그렇다	소계		
조선족 전체	(73,988)	15.1	10.0	25.1	46.6	19.6	8.7	74.9	100.0	49.21
성별										
남성	(70,818)	15.2	9.9	25.0	46.5	19.7	8.8	75.0	100.0	49.28
여성	(3,170)	14.3	11.5	25.9	50.3	17.2	6.6	74.1	100.0	47.55
연령										
20-39세	(13,797)	25.0	6.9	31.9	40.2	19.2	8.7	68.1	100.0	44.92
40-49세	(20,011)	22.7	11.1	33.8	47.9	12.0	6.2	66.2	100.0	41.99
50세 이상	(40,180)	7.9	10.4	18.4	48.2	23.4	10.0	81.6	100.0	54.27
지역										
수도권	(68,242)	15.7	9.8	25.5	46.6	19.6	8.2	74.5	100.0	48.73
비수도권	(5,746)	8.3	11.4	19.7	47.3	18.5	14.5	80.3	100.0	54.91
체류기간										
5년 미만	(25,296)	18.2	5.0	23.3	45.1	22.2	9.5	76.7	100.0	49.92
5년-10년 미만	(23,365)	12.9	15.3	28.2	45.2	19.4	7.1	71.8	100.0	48.13
10년 이상	(25,327)	14.0	10.0	24.0	49.5	17.0	9.5	76.0	100.0	49.49

주: '외국인이라는 이유로 차별당한 경험 빈도 점수'는 '전혀 그렇지 않다' 0점, '별로 그렇지 않다' 25
점, '가끔 그렇다' 50점, '대부분 그렇다' 75점, '항상 그렇다' 100점의 값을 부여하여 계산한 평균값
이다.

자료: 설동훈·김명아·박우·주종섭(2018) 원자료 분석.

와 '50세 이상'(54.27점)의 점수가 단연 높다.

2. 역 사회적 거리 척도

<표 7-8>은 조선족 건설노동자에게 한국사회에 비친 자신의 모습을 평가하도록 한 '역 사회적 거리 척도'(reverse social distance scale)를 이용하여 조사한 결과를 보여준다(Lee, Sapp and Ray, 1996 참조). 조선족이 자신이 한국 정착민, 같은 마을 주민, 옆집 주민, 친구·선후배, 인척으로 사는 것에 대해 한국인이 "싫어한다"고 밝힌 비율의 총 평균은 40.2%다. 이민족 외국인노동자의 평균이 21.7%라는 점을 고려하면(설동훈·고재훈, 2017: 267-268), 거의 두 배 수준이다.

조선족은 자신이 '한국 정착민'(48.8%), 인척(43.8%), '친구 또는 선·후배'(39.8%), '옆집 주민'(35.1%), '같은 마을 주민'(33.6%)이 되는 것을 "한국인이 싫어한다"고 밝히고 있다. 외국인노동자들은 그들이 인척(30.9%), '친구 또는 선·후배'(21.6%), '옆집 주민'(20.2%), '같은 마을 주민'(18.1%), '한국 정착민'(17.8%)이 되는 것을 "한국인이 싫어한다"고 응답하였다. 외국인노동자들은 다른 나라 조사와 마찬가지 순서를 보이는데 비해(Lee, Sapp and Ray, 1996), 조선족은 '한국 정착민'이 가장 높게 나타나는 점이 이채롭다. 한국인이 조선족을 바라보는 비판적 시선이 재한조선족의 마음속에 투영된 것으로 해석할 수 있다. 한국인이 조선족을 경원시하는 인식이 확산되어 있다는 점을 고려하면, 그들의 태도를 이해하기 어렵지 않다.

<표 7-8> 조선족의 한국인에 대한 역 사회적 거리 척도

(단위: %, 명)

	(N)	전체 평균	한국 정착민	같은 마을 주민	옆집 주민	친구 또는 선·후배	인척
조선족 전체	(73,988)	40.2	48.8	33.6	35.1	39.8	43.8
외국인노동자	(188,443)	21.7	17.8	18.1	20.2	21.6	30.9
성별							
남성	(70,818)	39.8	48.6	32.8	34.5	39.8	43.5
여성	(3,170)	48.4	53.2	51.5	48.0	40.0	49.1
연령							
20-39세	(13,797)	51.9	66.2	47.6	45.3	46.0	54.3
40-49세	(20,011)	46.3	58.8	40.9	42.3	42.4	47.3
50세 이상	(40,180)	33.2	37.9	25.1	28.1	36.3	38.4
지역							
수도권	(68,242)	39.7	47.8	33.0	34.8	39.4	43.4
비수도권	(5,746)	46.3	60.5	40.6	38.6	44.3	47.5
체류기간							
5년 미만	(25,296)	37.4	47.5	31.5	32.3	37.8	37.9
5년-10년 미만	(23,365)	43.1	50.8	33.7	35.0	43.4	52.5
10년 이상	(25,327)	40.4	48.3	35.5	38.1	38.4	41.5

주: 1) "귀하가 아는 (어느 특정인이 아니라, '가장 훌륭한 사람'이나 '가장 못된 사람'이 아닌) 전형적인 한국인을 염두에 두고, 다음 문항에 대한 귀하의 의견을 말씀해주십시오. 그들은 귀하가 ____으로 사는 것을 싫어합니까?"라는 질문에 대해, "예. 싫어한다."라고 응답한 비율이다. 100에서 그 비율을 빼면 "아니오. 싫어하지 않는다."에 대한 응답 결과를 산출할 수 있다.
2) 외국인노동자는 '비전문취업(E-9) 체류자격을 가진 외국인'으로, 압도적 다수가 비한국계 외국인 이다.

자료: 설동훈·김명아·박우·주종섭(2018) 원자료 분석; 설동훈·고재훈(2017: 268).

그렇다면 한국인은 왜 조선족을 부정적으로 인식할까? 조선족이 민족적 동질성을 지니고 있는 것은 분명하지만, 일자리를 빼앗고, 치안을 불안하게 한다는 생각이 지배하고 있기 때문이다(김희정, 2017: 129-135). 조선족에 대한 이러한 인식은 조선족과 함께 살고 있거나 그 부근에 거주하는 한국인에게서 더 강하게 나타났다(박효민·김석호·이상림, 2016: 105). 함께 살고 있기에 그들의 생활방식과 태도를 보고 판단한 것이라 생각할 수 있지만, 이러한 결과는 한국인이 재한조선족과 직접 접촉한 결과라기보다는, 방송이나 신문 등을 통해 습득한 간접경험이 더 큰 영향을 미치는 것으로 파악할 수 있다. 즉, 미디어를 통해 매개된 경험이 사회문화적으로 공유됨으로써 한국인의 조선족에 대한 고정관념이 만들어진 것으로 해석할 수 있다(김동수・김도환・정태연, 2011: 1-23). 이러한 관점에서 보면, 미디어에서 조선족을 다루는 방식이 매우 중요하다.

조선족의 한국인에 대한 인식을 좀 더 구체적으로 살펴보면, 성별로는 조선족 여성(48.4%)이 남성(39.8%)보다 한국인과 거리가 더 멀다. 연령별로는 '20-39세'(51.9%), '40-49세'(46.3%), '50세 이상'(33.2%)의 순으로 한국인과 '사회적 거리'를 멀게 느낀다. <표 7-7>에서 40대 이하의 젊은층이 50대 이상의 고령층보다 차별 경험 비율이 낮았다는 점과 대조적이다. 나이가 많은 사람들은 차별 경험이 있더라도 한국인과 친밀성을 더 느끼지만, 젊은층은 그렇지 못한 것으로 해석할 수 있다. 지역별로는 '수도권' 거주자(39.7%)보다 '비수도권' 거주자(46.3%)가 한국인과 더 거리를 두고 있는 것으로 조사되었다. 체류기간별로는 '5년-10년 미만'(37.4%), '10년 이상'(40.4%), '5년 미만'(37.4%)의 순으로 한국인과 거리를 멀게 느낀다.

조선족은 한국사회에서 차별과 멸시를 경험하고, 지역사회 내에서 불안을 느낀다(김영로, 2011: 151). 조선족 동포의 이러한 견해는 그들의 한국사회에 대한 인식에도 반영된다. 학력이 높을수록, 세대가 낮을수록, 차별 경험이 없을수록, 한국 정치에 관심이 높을수록, 한국사회에 대한 신뢰가 높은 것으로 조사되었다(정회옥・윤종빈・김진주, 2017: 237-238). 특히, 조선족 중 TV시청시간이 많을수록 한국사람이 자신들을 부정적으로 보고 있다고 생각하였다(김유정·김용찬, 2015: 174-175). 요컨대, 조선족에 대한 한국인의 태도와 한국사회에 대한 조선족의 인식 형성에 TV·신문·인터넷과 같은 미디어가 많은 영향을 미치고 있다.

3. 생활 만족도

조선족은 한국인과 거리를 두고 생활한다. 그럼에도 불구하고, 조선족이 한국에서 일상생활 또는 직장생활을 하며 느끼는 만족도 수준은 높다. <표 7-9>에서 조선족의 한국 내 일상생활과 직업생활 만족도를 살펴보면, 일상생활 만족도 평균점수가 70.25점, 직업생활 만족도 평균점수는 71.19점이다. 한국사회에서 차별을 경험하는 비율이 높고 한국인과 사회적 거리를 두고 있기는 하지만, 한국에서 직업생활을 하고 일상생활을 하는 데서 만족을 느끼고 있다. 그 원인은 한국에서 일을 하면서 얻는 경제적 편익에 있다. 한국에서 목돈을 벌 수 있는 기회를 누리고 있다는 점이 그들의 만족도 수준을 높인 것이다. '직업생활 만족도'에서 "매우 불만이다"라고 응답한 사람이 전혀 없다는 점도 놀랍고, '일상생활' 만족도에서 "매우 불만이다"라고 응답한 사람이 0.3%에 불과하다는 점도 놀랍다. 일상생활과 직업생활 모두 남성이 여성보다 만족도 점수가 높다. 연령별로는 40대 이하가 50대 이상보다 만족도 점수가 높다. 지역과 체류기간에 따른 만족도 차이는 발견되지 않는다.

<표 7-9> 조선족의 한국 내 일상생활과 직업생활 만족도

(단위: %, 점, 명)

		(N)	매우 불만이다	대체로 불만인 편이다	만족도 불만도 아니다	대체로 만족하는 편이다	매우 만족한다	계	평균 점수
일상 생활	전체	(73,988)	0.3	5.2	31.9	38.7	24.0	100.0	70.25
	성별								
	남성	(70,818)	0.3	5.2	31.5	38.2	24.7	100.0	70.49
	여성	(3,170)	0.0	4.5	39.5	48.0	8.0	100.0	64.87
	연령								
	20-39세	(13,797)	0.0	10.9	25.7	25.8	37.5	100.0	72.49
	40-49세	(20,011)	1.0	3.8	27.7	32.3	35.2	100.0	74.21
	50세 이상	(40,180)	0.0	3.9	36.0	46.2	13.8	100.0	67.51
	지역								
	수도권	(68,242)	0.3	5.1	32.0	38.3	24.2	100.0	70.26
	비수도권	(5,746)	0.0	5.7	29.9	42.6	21.8	100.0	70.14
	체류기간								
	5년 미만	(25,296)	0.8	3.2	37.1	34.4	24.5	100.0	69.67
	5년-10년 미만	(23,365)	0.0	5.3	31.5	37.8	25.4	100.0	70.86
	10년 이상	(25,327)	0.0	7.1	26.9	43.8	22.2	100.0	70.27
직업 생활	전체	(73,988)	0.0	2.9	31.6	43.4	22.1	100.0	71.19
	성별								
	남성	(70,818)	0.0	3.0	30.6	43.9	22.5	100.0	71.49
	여성	(3,170)	0.0	0.0	54.6	32.7	12.8	100.0	64.55
	연령								
	20-39세	(13,797)	0.0	9.6	22.9	32.5	35.0	100.0	73.19
	40-49세	(20,011)	0.0	2.3	28.7	33.9	35.0	100.0	75.42
	50세 이상	(40,180)	0.0	0.8	36.1	51.9	11.3	100.0	68.39
	지역								
	수도권	(68,242)	0.0	3.1	31.2	43.9	21.8	100.0	71.08
	비수도권	(5,746)	0.0	0.0	36.1	37.8	26.1	100.0	72.50
	체류기간								
	5년 미만	(25,296)	0.0	3.2	32.8	40.0	24.0	100.0	71.21
	5년-10년 미만	(23,365)	0.0	3.3	28.2	47.1	21.4	100.0	71.64
	10년 이상	(25,327)	0.0	2.1	33.6	43.4	20.9	100.0	70.76

주: 만족도 점수는 '매우 불만이다' 0점, '대체로 불만인 편이다' 25점, '만족도 불만도 아니다' 50점, '대체로 만족하는 편이다' 75점, '매우 만족한다' 100점의 값을 부여하여 계산한 평균값이다.

자료: 설동훈·김명아·박우·주종섭(2018) 원자료 분석.

Ⅳ. 한국인과 조선족의 상호인식

한국인과 조선족은 '한국어를 구사하는 한민족'이라는 동질성에 바탕을 둔 상징체계를 공유하고 있다. 그러나 두 사회집단이 상대방을 마음속 깊이 이해하기보다는 '사회적 거리'를 두고 생활하고 있음이 밝혀졌다. 조선족은 자신들이 한국인에게 '같은 마을 주민', '옆집 주민', '친구 또는 선·후배', 인척, '한국 정착민'의 순으로 받아들여지고 있다고 생각한다. 그들은 한국에서 생활하면서도 한국사회의 '정식 구성원'이 되지 못하고 있음을 절감한다. 그들은 한국을 '정착지'가 아니라 '돈을 벌면 떠나야 할 타향'으로 인식하고 있다.

한국인은 조선족을 외국인유학생, 귀화한국인, 미국국적 재미동포, 외국인 투자자 또는 사업가, 주한미군 관련 혼혈인, 외국인 전문직, 장애인, 국제결혼이민자, 북한이탈주민, 북한주민, 화교보다 더 멀게 인식하고 있다.

한마디로 말해, 조선족과 한국인은 상대방을 결코 가깝게 여기지 않고 있다. 그렇다면 이러한 부정적인 인식을 개선할 수 없을까? 우리는 두 가지 지점에서 출발하여, 한국인과 조선족이 공동 노력을 하면, '불가능하지 않을 것'으로 본다. 첫째, 주관적 인식과 객관적 사실의 차이를 분명히 밝혀서, 편견과 고정관념을 해소하는 일이다. '범죄율 통계'를 면밀히 분석하고, 개인의 일탈·범죄와 사회집단은 무관함을 과학적으로 입증하여야 한다. 둘째, 자신이 상대방에게 도움이 된다는 사실을 제시하여, 상호 공감대를 확충하여야 한다. 재한조선족은 한국경제 발전에 기여하고, 농촌 공동화를 예방하며, 도시지역사회 슬럼화를 방지하는 역할을 하고 있다. 한국인은 조선족

동포에게 일자리를 제공하고, 선진 문화를 공유하고 있다. 이러한 점을, 대중매체에서 객관적 시선으로 분석하여 실상을 보여주는 게 중요하다.

제8장

결론

조선족이 한국사회에 유입되어 재한조선족 집단을 형성한지도 33년째다. 생존을 위해, 농토를 찾아, 독립운동을 위해 떠났던 조선인의 후예가 돈을 벌기 위해, 직업을 찾아, 자녀 교육을 위해, 한국을 찾았으나, 그들의 바람과 달리 한국사회의 분위기는 싸늘했다. 1990년대 초 이후 조선족이 국내 노동시장에서 차지하는 비중이 커지자, 한국인 중에는 조선족을 '동포'라기보다는 '경쟁자'로 인식하고, 배제와 혐오의 대상으로 여기는 사람이 하나둘 나타났다.

동포로 대우받지 못하고 차별을 받고 있다는 재한조선족과, 그들이 한국사회의 부담으로 작용한다는 한국인들의 인식이 접점을 찾지 못한 채, 상대를 반목하는 상태가 지속되었다. 한국인과 조선족이 상대방을 불신하고 혐오하는 상황이 여러 차례 발생하였고, 때로는 미디어가 이러한 현상을 조장하기도 하였다.

재한조선족은 한국사회에 부담으로만 작용하는 것일까? 재한조선족과 한국인의 사회통합은 요원한 것일까? 바람직한 미래를 위해서는, 한국정부·한국인·재한조선족 각자의 적극적 노력이 필요하다.

첫째, 한국정부는 조선족 이주관리정책 기조를 재검토하여야 한다. 재한조선족을 외국인노동자 중 하나로 취급하는 정책에서 벗어나야 한다. '재외동포의 출입국과 법적지위에 관한 법률'의 정신은 외국국적동포를 한국사회의 '정식 구성원'으로 받아들이자는 것이다. 선진국 동포와 다른 방식으로 재외동포(F-4) 체류자격을 부여하는 제도를 혁파하여야 한다. 재외동포(F-4) 체류자격 소지자의 단순노무직 취업 금지 규제는 철폐되어야 마땅하다. 그들에게 '직업선택의 자유'를 부여하여야 한다. 아울러, 국적과 영주권 취득의 기회를 더욱 확대하여야 한다. 한마디로 말해, 조선족을 '동포'로 대하여, 제도적 차별을 없애야 한다.

둘째, 재한조선족을 바라보는 한국인의 인식 개선이 시급하다. 한국언론은 재한조선족을 범죄의 온상, 전염병 매개체, 최하위 계층으로 보도하고 있다. 몇몇 조선족이 저지른 살인사건을 보도할 때, 조선족 집단 전체에 대한 혐오가 발생하지 않도록 하는 노력이 거의 이루어지지 않았다. 언론은 우위안춘(吳原春)과 푸춘펑(朴春风) 등이 저지른 살인사건을 보도할 때, 그들이 조선족이라는 사실을 지나치게 강조함으로써 이러한 현상을 조장했다. 중국 후베이성(湖北省) 우한(武汉)에서 발원한 '코로나바이러스감염증-19'(COVID-19)이 2020년 국내에서 창궐하자, 조선족이 그 매개 역할을 한 것으로 속단하여 보도한 미디어도 있었다. 그리고 영화 '황해'(2010), '청년경찰'(2017), '범죄도시'(2017) 등에 나온 잔혹한 '조선족 범죄자'는 허구의 인물이지만, 일부 한국인은 그 내용을 사실로 받아들여 재한조선족 전체를 기피 대상으로 인식한다. TV 드라마와 코미디 프로그램의 내용도 대동소이하다. 미디어 관계자의 각성과 일반 한국인의 인식 개선이 필요하다.

셋째, 조선족의 한국문화 적응 노력도 중요하다. 재중조선족문화와 한국문화가 다른 게 엄연한 사실임을 인정하고, 한국인의 생활방식을 존중하여야 한다. 몇몇 조선족 동포는 중국에서처럼 '쓰레기 무단 투기'를 했고, 한국인 주민들이 그것에 반발하여 사회적 갈등이 발생하기도 하였다. 조선족은 낯선 생활환경에 적응하기 위하여 부단히 노력하고 있지만, 한국인과 갈등이 발생하는 지점을 정확히 포착하여 예방하려는 노력이 긴요하다.

이 책은 1987-2020년의 33년 동안 한국사회에 정착해온 재한조선족의 유입과 정착, 그리고 갈등현상을 종합적으로 조망하고 있다. '위계화된 민족'이라는 이론적 틀을 이용하여, 문제 지점을 색출하려 하였다. 지금까지 발견된 여러 현상을 '있는 그대로' 드러냄으로써 성찰의 계기를 제공하고, 미래 설계를 위한 디딤돌로 삼고자 했다. 조선족들의 한국사회 유입과정을 다각도로 분석하였고, 한국 정부의 정책 변동 과정을 일목요연하게 정리하였다. 재한조선족의 삶의 방식을 정부집계자료와 표본조사자료 분석을 통해 밝혔고, 한국언론의 기사를 분석하여 그 문제점을 지적하였다. 한국인과 조선족의 상호 인식을 분석하기 위하여, 다양한 자료를 분석하여 상호 반목하고 있는 '아픈 현실'을 드러내었다. '위계화된 민족' 개념의 근거가 되고 있는 현실을 혁파하여야 한다. '위계화된 민족' 개념이 재한조선족의 삶을 설명하는 데 부적절해질 시점이 오기를 고대한다.

참고문헌

강유진. 1999. "한국 남성과 결혼한 중국조선족 여성의 결혼생활 실태에 관한 연구."『한국가족관계학회지』4(2): 61-80.

강진구·박재영. 2016. "서울시 조선족 밀집지역과 거주 공간 확대에 대한 연구: 가리봉동 구로동 대림동을 중심으로."『중앙대학교 문화콘텐츠기술연구원』53: 257-290.

고민경. 2019. "옌볜거리에서 차이나타운, 그리고 중국국적 이주자의 모빌리티 관문으로: 대림동 이주자 밀집 지역의 진화." 서울대학교 아시아연구소,『아시아지역리뷰 다양성+Asia』2(3): 1-6.

고승일. 1998. "중국, '재외동포법'에 반대의사 표명."『연합뉴스』1998·9·21.

곽재석·설동훈. 2010.『외국국적동포 취업실태와 취업지원 강화 방안』. 한국산업인력공단.

권오규·마강래·윤진희. 2014. "서울시 중국국적외국인의 주거지 분포 변화에 관한 연구."『한국지역개발학회지』26(2): 39-54.

권태환·박광성. 2004. "중국조선족 대이동과 공동체의 변화."『한국인구학』27(2): 61-89.

김남석. 2014. "<황해>에 반영된 연변 조선족의 이미지 왜곡 현상과 사회상."『다문화사회연구』7(2): 107-136.

김동수·김도환·정태연. 2011. "외국인에 대한 한국 대학생의 인식."『한국심리학회지 : 사회 및 성격』25(1): 1-23.

김동인. 2019. "대림동 고시원에서 보낸 '서른 번의 밤'."『시사IN』594.

김병학·고길곤·김대중. 2013. "외국인 밀집지역 치안 위협요인의 실재 여부에 관한 연구."『한국사회와 행정연구』24(3): 343-372.

김석봉. 1997. "죽음의 바다 파멸이항선-1·11 조선족 특대 밀입국사건』.

『장백산』. 1997.

김석중. 2001. "사기피해 조선족 구제 길 열리나: 반한 감정 팽배... 피해 자협, 2차 연수생 입국출국."『오마이뉴스』 2001·11·13.

김석호. 2017. "한국인의 이주민에 대한 인식의 변화."『한국의 이민정책, 어디로 가야 하나? 풀지 못한 문제, 풀어야 할 과제』. 한국이민학회. pp. 103-120.

_____·박효민·이상림. 2016. "이주민 주거 밀집지역 내 내국인 인식 연구."『한국정당학회보』 15(2): 105-138.

김수정·이영민. 2017. "인천시 외국인 이주자의 분포 특성과 다문화 로컬리티 에 관한 예비적 연구."『로컬리티 인문학』 17: 197-238.

김수현·방성훈. 2012. "한국계 중국인 밀집주거지의 분화에 관한 연구."『한국사회정책』 19(2): 39-68.

김숙자. 1998. "한국남성과 중국조선족여성과의 섭외혼인실태와 그 대책."『가족법연구』 12: 93-137.

김영로. 2011. "중국동포(Chinese-Korean) 집단적 거주지에 나타난 지역사회에 대한 중국동포의 인식변화에 관한 연구."『한국사회복지학』 63(3): 133-156.

김유정·김용찬. 2015. "한국 거주 중국동포들의 미디어 이용과 대화가 집합적 자기 인식에 미치는 영향."『한국방송학보』 29(4): 149-186.

김재률. 1992.『연변조선족자치주 교육지 1715-1988』. 동북조선민족출판사.

김종수. 2016. "한국 영화에 나타난 조선족 재현 양상 연구." 경희대학교 비교문화연구소,『비교문화연구』 44: 191-209.

김지혜. 2018. "한국언론의 중국동포(조선족) 담론 분석: 조선, 동아, 경향, 한겨레신문의 프레임 분석을 중심으로."『다문화사회연구』 11(2): 37-73.

김현미. 2009. "방문취업 재중동포의 일 경험과 생활세계."『한국문화인류학』 42(2): 35-75.

김희정. 2017. "한국 거주 이주민 출신국에 따른 고정관념의 탐색."『미디어, 젠더 & 문화』 32(2): 125-173.

노성훈. 2013. "외국인의 증가와 범죄에 대한 두려움: 집단위협이론을 중심으로." 『형사정책연구』 95: 151-184.

노영돈. 1999. "소위 '재외동포법'에 관한 연구." 『인천법학논총』 2: 57-71.

_____. 2002. "재외동포법의 개정방향에 관한 연구." 『국제법학논총』 47(3): 97-119.

대한적십자사. 2005. 『이산가족찾기 60년』. 대한적십자사.

문형진. 2014. "중국의 확장전략과 조선족사 서술: 역사교과서를 중심으로." 『중국학논총』 41: 193-214.

_____. 2016. "이주와 재이주를 통해 형성된 조선족 문화 변천에 관한 연구." 『중국과 중국학』 27: 1-28.

박상조·박승관. 2016. "외국인 범죄에 대한 언론 보도가 외국인 우범자 인식의 형성에 미치는 영향." 『한국언론학보』 60(3): 145-177.

박세훈·김은란·정윤희·정소양·임동근·가와모토아야. 2010. 『다문화사회에 대응하는 도시정책 연구(Ⅱ): 지역중심형 외국인 정책 추진 방안』. 국토연구원.

박세훈·이영아·김은란·정소양. 2009. 『다문화사회에 대응하는 도시정책 연구(Ⅰ): 외국인 밀집지역의 현황과 정책과제』. 국토연구원.

박완서. 1991. "우황청심환." 『창작과비평』 19(2): 155-174.

박우. 2009. "재한 중국유학생의 이주현황과 특성에 관한 연구." 『재외한인연구』. 19: 155-181.

_____. 2017. "'초국적 상경'과 서울의 조선족." 『서울사회학: 서울의 공간, 일상 그리고 사람들』. 나남. pp. 329-349.

박장배. 2005. "중국의 '소수민족' 정책과 지역구조: 지역 재구성 및 '서부대개발'과 관련하여." 이개석·이희옥·박장배·임상선·유용태, 『중국의 동북공정과 중화주의』. 고구려연구재단. pp. 153-198.

박찬규. 1989. 『연변조선족교육사고』. 길림교육출판사.

박형기·김석호·이정환. 2014. "국내 외국인근로자의 사회연결망과 이직 경험." 『한국인구학』 37(1): 31-57.

박효민·김석호·이상림. 2016. "이주민 주거 밀집지역 내 내국인 인식

연구.”『한국정당학회보』 15(2): 105-138.

서경석. 1998. “조선족 사기피해의 실태와 대책.”『피해자학연구』 6: 51-65.

설동훈. 1992. “국제 노동력 이동과 한국내 외국인 노동자.”『사회와 역사』 37: 231-325.

_____. 1998a. “중국조선족 사기피해의 원인과 대책.”『피해자학연구』 6: 67-102.

_____. 1998b. “노사 관계와 문화적응.” 고려대학교 노동문제연구소 편, 『노동인력의 세계화: 인도네시아 편』. 미래인력연구센터. pp. 225-248.

_____. 1999.『외국인노동자와 한국사회』. 서울대학교출판부.

_____. 2000.『노동력의 국제이동』. 서울대학교출판부.

_____. 2002a. “국내 재중동포 노동자: 재외동포인가, 외국인인가?”『동향과 전망』 52(봄): 200-223.

_____. 2002b. “세계도시와 문화적 다양성: 서울의 사례연구.”『지역사회학』 4(1): 53-86.

_____. 2005. “외국국적 동포의 노동시장 분석.”『재외한인연구』 17: 5-39.

_____. 2013. “중소기업관리자의 외국인에 대한 사회적 거리 분석.”『지역사회학』 14(2): 203-229.

_____. 2016. “외국 출신 주민의 증가.”『현대 서울의 인구와 사회구조: 서울 2천년사, 제33권』. 서울역사편찬원. pp. 355-413.

_____. 2020. “민족 위계화? 통일시대의 한민족과 타자들.”『담론 201』 23(1): 7-60.

_____ · 고재훈. 2017.『2017년 외국인근로자 근무환경 실태 조사』. 한국산업인력공단.

_____ · 고재훈 · 박미화 · 주수인. 2019.『건설현장의 합리적 인력수급을 위한 외국인력 관리방안』. 한국산업인력공단.

_____ · 곽재석 · 서영효. 2013.『새로운 체류자격 부여제도 적용에 따른 영향 및 효과 분석 연구』. 동포교육지원단.

_____ · 김명아 · 박우 · 주종섭. 2018.『외국국적동포(H-2) 등 외국인력

의 건설현장 취업실태 분석 및 관리방안』. 한국산업인력공단.

_____ · 문형진 · 김윤태. 2014. 『재한조선족 동포사회 조사연구』. 다해.

_____ · 이해춘. 2005. 『외국국적동포 고용이 국내 노동시장에 미치는 사회 · 경제적 효과 분석』. 노동부.

손춘일. 2008. 『중국조선족사회문화발전사』. 연변교육문화출판사.

신영화. 2002. "한국인 남편과 조선족 아내의 부부문제." 『한국가족치료학회지』 10(2): 1-24.

신예원 · 마동훈. 2017. "한국 현대사 속의 중국동포: 1993년 이후 <조선일보>와 <한겨레신문> 사설 / 칼럼에 나타난 '민족 담론' 변화." 『한국언론학보』 61(6): 37-86.

양은경. 2010. "민족의 역이주와 위계적 민족성의 담론 구성: '조선일보'의 조선족 담론 분석." 『한국방송학보』. 24(5): 194-237.

오세택. 2001. "중국조선족 사기피해자 1000명 국내 산업연수: 임금 적어 불법 취업 양산 우려." 『가톨릭평화신문』 제539호.

외교부. 2019. 『재외동포현황 2019』. 외교부.

우충완 · 우형진. 2014. "이주노동자 관련 범죄 보도 노출과 접촉 경험이 내국인의 제노포비아와 사회적 거리감에 미치는 영향에 관한 연구." 『다문화콘텐츠연구』 17: 185-227.

이규용. 2000. 『고용허가제도의 도입업종 및 도입규모 검토』. 한국노동연구원.

이병하. 2017. "국제이주 연구에 있어 정치학적 접근과 방법론적 쟁점." 경북대학교 사회과학기초자료연구소, 『연구방법논총』 2(1): 23-51.

이석준 · 김경민. 2014. "서울시 조선족 밀집지 간 특성 분석과 정책적 함의." 『서울도시연구』 15(4): 1-16.

이소영. 2013. 『외국인 밀집지역의 지역 공동체 활성화 방안』. 한국지방행정연구원.

이승은. 2016. "서울시 '한국계 중국인'의 주요 거주 지형도와 경제활동." 『중국과 중국학』 27: 173-194.

이정은. 2012. "'외국인'과 '동포' 사이의 성원권: 재한조선족 사회의 지위

분화에 따른 성원권 획득 전략."『경제와 사회』 96: 402-429.

이종훈. 2001. "재중동포정책과 재외동포법의 개선 방향."『재외한인연구』 11: 165-190.

이진영. 2002. "한국의 재외동포정책: 재외동포법 개정의 쟁점과 대안." 『한국과 국제정치』 18(4): 133-162.

이혜경. 2004. "한국내 외국인 가정부 고용에 관한 연구."『한국인구학』 27(2): 121-153.

_____ · 정기선 · 유명기 · 김민정. 2006. "이주의 여성화와 초국가적 가 족: 조선족 사례를 중심으로."『한국사회학』 40(5): 258-298.

이호상 · 손승호. 2018. "인천시 외국인 이주자 주거공간의 영역화."『인 천학연구』 28: 45-82.

이화용 · 이영민. 2018. "중국국적 이주자 밀집지역 내 경계와 질서의 재 구성: 서울시 영등포구 대림2동을 사례로."『로컬리티 인문학』 20: 7-41.

장홍근 · 이정희 · 정흥준 · 설동훈. 2017.『2017년 노사관계 국민의식 조 사연구』. 한국노동연구원.

전해종. 1998.『중국의 천하사상』. 민음사.

정기선 · 강동관 · 오정은 · 조영희 · 최서리 · 오인규 · 김혜래. 2012. 경기도 내 외국인 밀집지역 현황 분석 및 의제 발굴. IOM이민정책연구원.

정영탁 · 김석호 · 이민아. 2016. "외국인근로자의 사회연결망 특성이 고독 감에 미치는 영향."『보건과 사회과학』 41(1): 5-32.

정판룡. 1994.『내가 살아본 중화인민공화국』. 웅진출판.

정회옥 · 윤종빈 · 김진주. 2017. "재한조선족의 사회신뢰: 이주국과 본국 에 대한 신뢰를 중심으로."『다문화사회연구』 10(2): 219-249.

최금해. 2010. "고학력 조선족 국제결혼 여성들의 한국생활에 관한 질적 연구."『재외한인연구』 22: 139-173.

최영신. 2017. "공식통계에 나타난 외국인 범죄의 발생 동향 및 특성 (2011-2015)."『한국형사정책연구원 이슈 페이퍼』 4: 1-22.

최우길. 2005. "중국 민족주의에 대한 연구: 중화민족개념과 관련하여."

『중국조선족연구』. 선문대학교출판부.

최인규·전범수. 2019. "영화 <청년경찰>, <범죄도시>에 나타난 범죄 장소로서의 다문화 공간 비교." 경성대학교 사회과학연구소, 『사회과학연구』 35(4): 107-125.

한희정·신정아. 2019a. "한국 영화의 조선족 재현과 혐오표현의 문제: <청년경찰> 손해배상 1심 판결을 중심으로." 『현대영화연구』 36: 109-135.

_____. 2019b. "한국 드라마의 조선족 재현에 대한 재한조선족의 수용과 인식." 『한국소통학보』 18(1): 227-262.

홍석기·김선자·이혜숙. 2010. 『글로벌 도시 서울을 위한 사회통합 정책』. 서울시정개발연구원.

薛東勲. 2016. "韓国の外国人労働者: 推移とインプリケーション." 有田伸·山本かほり·西原和久 編, 『国際移動と移民政策: 日韓の事例と多文化主義再考』. 東京: 東信堂. pp. 47-57.

呉泰成. 2019. "韓国の外国人労働者運動と朝鮮族: 2000年代半ばまでの組織化と運動を中心に." 大阪経済法科大学 アジア太平洋研究センター, 『アジア太平洋レビュー』 16: 2-17.

Anderson, Benedict. 2006. *Imagined Communities: Reflections on the Origin and Spread of Nationalism*, Revised Edition. London: Verso.

Chung, Erin Aeran. 2017. "Citizenship in Non-Western Contexts." pp. 431-450 in *The Oxford Handbook of Citizenship*, edited by Ayelet Shachar, Rainer Bauböck, Irene Bloemraad, and Maarten Vink. Oxford, UK: Oxford University Press.

Gellner, Ernest. 1983. *Nations and Nationalism*. Ithaca, NY: Cornell University Press.

Joppke, Christian. 2005. *Selecting by Origin: Ethnic Migration in the Liberal State*. Cambridge, MA: Harvard University Press.

Lee, Chulwoo. 2010. "South Korea: The Transformation of Citizenship and the State-Nation Nexus." *Journal of Contemporary Asia* 40(2): 230-251.

Lee, Motoko Y., Stephen G. Sapp, and Melvin C. Ray. 1996. "The Reverse Social Distance Scale." *Journal of Social Psychology* 136(1): 17-24.

Lim, Timothy C., and Dong-Hoon Seol. 2018. "Explaining South Korea's Diaspora Engagement Policies." *Development and Society* 47(4): 633-662.

Park, Woo. 2020. *Chaoxianzu Entrepreneurs in Korea: Searching for Citizenship in the Ethnic Homeland.* London: Routledge.

Petras, Elizabeth McLean. 1981. "The Global Labor Market in the Modern World Economy." Pp. 44-63 in *Global Trends in Migration: Theory and Research on International Population Movements,* edited by Mary M. Kritz, Charles B. Keely, and Silvano M. Tomasi. Staten Island, NY: Center for Migration Studies.

Piao, You. 2017. "Hierarchical Citizenship in Perspective: South Korea's Korean Chinese." *Development and Society* 46(3): 557-589.

Potts, Lydia. 1990. *The World Labour Market: A History of Migration.* London: Zed Books.

Seol, Dong-Hoon. 2011. "Ethnic Enclaves in Korean Cities: Formation, Residential Patterns and Communal Features." pp. 133-155 in *Asian Cities, Migrant Labour and Contested Spaces,* edited by Tai-Chee Wong and Jonathan Rigg. London: Routledge.

_____. 2012. "The Citizenship of Foreign Workers in South Korea." *Citizenship Studies* 16(1): 119-133.

_____. 2015. "The Political Economy of Immigration in South Korea." pp. 63-79 in *Social Transformation and Migration: National and Local Experiences in South Korea, Turkey, Mexico and Australia,* edited by Stephen Castles, Derya Ozkul and Magdalena Arias Cubas. New York: Palgrave Macmillan.

_____. 2018. "Population Aging and International Migration Policy in South Korea." *Journal of the Korean Welfare State and Social Policy* 2(2): 73-108.

_____, and John D. Skrentny. 2009. "Ethnic Return Migration and Hierarchical Nationhood: Korean Chinese Foreign Workers in South Korea." *Ethnicities* 9(2): 147-174.

Turner, Bryan S. 1986. *Citizenship and Capitalism: The Debate over Reformism.* London: Allen & Unwin.

설동훈

주요 경력
서울대학교 사회과학대학 사회학과 졸업(문학사)
서울대학교 대학원 사회학과(사회학 석사 및 박사)
현, 전북대학교 사회과학대학 사회학과 교수
현, 한국이민학회 회장

주요 저서
『외국인노동자와 한국사회』(1999)
『韓国の少子高齢化と格差社会: 日韓比較の視座から』(공편저, 2011)
『사회조사분석』(공저, 제4판, 2012)

문형진

주요 경력
中國 中央民族大學 歷史學科(역사학박사)
현, 中國 中央民族大學 한국문화연구소 초빙연구원
현, 중화권 한국학 지형도연구 사업단장
현, 국제한국사학회 회장
현, 동덕여자대학교 글로벌다문화학전공 교수

주요 저서
『경계인의 삶과 생활: 조선족 동포를 중심으로』(2014)
『사이(間)문화: 한중, 한일을 중심으로』(2014)
『다민족 국가의 통합정책과 평화정착의 문제』(공저, 2008)

재한 조선족, 1987-2020년

초판인쇄 2020년 3월 1일
초판발행 2020년 3월 1일

지은이 설동훈·문형진
펴낸이 채종준
펴낸곳 한국학술정보㈜
주소 경기도 파주시 회동길 230(문발동)
전화 031) 908-3181(대표)
팩스 031) 908-3189
홈페이지 http://ebook.kstudy.com
전자우편 출판사업부 publish@kstudy.com
등록 제일산-115호(2000. 6. 19)

ISBN 978-89-268-9898-7 93330